大展好書　好書大展

品嘗好書　冠群可期

太極拳動力的科學

武學釋典 29

戴君強 著

大展出版社有限公司

作者簡介

戴君強醫師　民國48年生

學歷／

- 國家中醫師考試及格
- 太極拳大師鄭曼青第四代入室弟子
- 北京中醫藥大學針灸科研究
- 上海中醫藥大學針灸氣功研究所研究
- 廈門市市立醫院骨傷科研究

經歷／

- 台北兩大減重埋線集團專業埋線醫師
- 中醫婦科脈診學發明人
- 海峽兩岸脈學專家研討會代表台灣主講人
- 中醫婦科醫學會會員
- 中醫家庭醫學科專科醫師
- 加拿大卑斯省中醫針灸局高級中醫師
- 加拿大柔適整脊，柔適徒手整型發明人

現任／

慈護誠品中醫診所　院長

目 錄

他的想法完全改變了，敬畏取代了輕視。

簡單說明太極拳的始末，指出張三豐應是其集大成者的無誤，最後比較各種武術，說明太極的學習不受年齡限制，老而彌堅，求得「名」師，不如「明」師，必須能知而後行。

用一張「看看我，聽聽我」的圖片，指出太極拳讓人顯得和藹可親，看來與世無爭般。

說明脊椎是人體運動與感官神經的要道，人體一定要正直，身體器官才能正常運作，擁有良好的健康，太極拳正能提供這個幫助。

「我想我很好，所以我很好」，本章說明我們心靈的力量，往往可以成就很多奇蹟，人的情緒平靜安適，肌肉處於放鬆的狀態，神經傳導通暢無阻，自然會好。二，如果我們在運動中，想像每個動作都像在水中游泳的話，會有

自 序

約二十多年前，在嘉義市中山公園漫步時，遇到年近七旬的莊大用師兄，他正在打太極拳。我對這種又慢、又柔的運動很好奇，他告訴我，太極拳可以健身和防身。

防身？沒搞錯吧！我表現出懷疑的臉色。他微笑著邀請我盡力推他，我痛快地答應，並使勁兒推他，不料他輕鬆自若地站在原地，我連吃奶的力氣都用出來了，根本動不了他。相反地，他只用兩根指頭，就毫不費力地把我推開來。

後來我才知道，他才學了兩年太極拳，而學拳以前，他還是一個為高血壓、關節痛、失眠等所苦的老人呢！

經莊先生的介紹，我開始與陳取寬老師學習鄭曼青太極拳。印象最深的，那表面看似輕柔的太極拳，勁力可在談笑聲中將人震飛，人撞在混凝土牆上，整座牆還會搖晃。陳老師可讓人穿著皮鞋踢他的腳脛骨，身上也可任人踢打，毫髮無傷；十餘人一整排來推他，一步也動不了他，太極的力量真了不起！

陳老師的太極劍造詣出神入化，是國內少數發展太極劍實戰者中最有成效的。

後來，我又追隨陳振輝老師，親眼目睹他氣沉入骨的境界。陳振輝老師的雙臂互撞之下，聲音就像兩塊大理石般，鏗然有聲，聞者莫不稱奇，更加深了我對太極的憧憬，自此以拳會友，藉以比較各種武術，樂此不疲。

發揚太極，以中醫濟世，對眾生有所貢獻，對慈母和先父的恩情有所回報，是我今生最大的心願，也是近十年來我日夜思索，汲汲求知的原因。在太極方面，經由與各家各派的推手，對內家武功的力學的心得，在本書中詳細論述，以科學的角度來解釋神秘的太極內勁，冀對中華文化盡份薄力。

本書的目的在於闡述知而後行，然後知行合一的重要性，因此以太極內勁的基礎觀念為主，而非以提供訓練方法為目的，最重要的還是跟對老師，求得正確的基礎，可節省數十年的摸索，避免錯誤的開始。

本書前後花了六年寫作，參考了上百本的武術和醫學書籍，觀念問題一再驗證，電腦的三度空間圖說也不斷改進，仍難免疏漏，尚請見諒。

原著是用英文寫的，部分曾獲刊於美國太極雜誌，今譯成中文，與國內前輩和同好共同研究，齊為發揚中華國粹而努力。

作者　戴君強

序

我第一次遇到大衛（戴）時，他正在溫哥華伊莉莎白女皇公園與人推手。我在旁邊靜靜地注視著他，並問他是否願意一起推手，而交手間，我可以馬上肯定他的造詣，因為在我開始習練太極拳，作為保持健康和舒緩緊張的新歷程之前，已有四十五年的柔道生涯。

我們馬上變成好朋友，經常一起練習太極拳，並討論其中的哲學與實際的運用，研究外家武功與鄭曼青太極拳如此輕柔的動作間的差別。

作為一位中醫師和針灸師，大衛因此對太極拳的內在，有良好的詮釋。事實證明，經過認真的學習，鄭曼青太極不但能促進人體健康，更是精神生活的泉源。

約翰・韓特力，柔道六段
於加拿大卑斯省

前 言

1993年秋，健康問題把我帶到戴君強醫師的診所，他是一位癡心於中醫和太極拳的醫者。多年的失眠，加上晚上的驚悸、焦慮和盜汗，傳統的西醫療法並未對我提供太大的幫助。

戴醫生請我坐下，他先幫我診脈，並摸摸我的脖子，他觀看我的舌頭、耳朵，然後站在我身後，手輕輕地觸摸我的頸部和脊椎，最後他總結說：「你的問題在於陰虛腎虧，但不是很嚴重，少吃炸、烤的食物，多吃海帶，我會給你一些中藥，並做一次針灸治療。」這時，我感到很驚訝，因為我還沒告訴他我的任何問題，他已完成診斷，並很有信心地提供他的處方。

我或許內心想拒絕這樣的診斷方式，但一些事讓我摒棄了成見。

首先，我注意到，當他為我診脈時，一股強烈的暖流從他手中傳出，使我頓時感覺通體舒暢，他顯然有強勁的氣。

其次，他所指出的我的症狀，是令人驚訝地正確。我決定，就按照他的意見去做。

在他的中藥、針灸和食療法下，數週後我的健康進步了，也能正常睡覺，晚上不再盜汗，精神很安詳。在他的診所，我遇到許多其他的病人，包括一位曾經有嚴重心臟問題的，以及一位癌症末期的婦人，他們都高度讚揚戴醫生的醫術。

在他介紹下，我參加了一個他指導的太極拳學習班。令我驚訝的是，雖然他的身材比起班上的西方人小了許多，大衛（戴）卻擁有驚人的能量，在學習了多年的鄭曼青太極拳之後，他可以「簡單地」、「輕輕地」將我們連根拔起，飛到空中。他提供了我們許多學好太極拳的知識，且總是小心地避免我們受傷。

我們的十四歲男孩，經常觀看我和我的另一半，碧翠絲，每晚在客廳打太極拳，少不了他那青少年的執著，根本不認為這又慢又奇怪的慢動作，除了讓人舒緩、無聊之外，還能做些什麼。這個強壯、好動的男孩有一晚迫不及待地接受了「一點點」太極內勁的示範。

我們的兒子比戴醫生高，且天生就好鬥，事實上，他更想把自己強壯的肌肉「秀」給大衛（戴）。看著這位充滿活力的青少年的力量，竟然在對方平靜毫無動作的情況下被吸收，那場面看起來彷彿不是真的。我們的兒子使盡力氣，幾乎脖子上已青筋暴露，就是沒辦法移動戴醫師一寸。

然後，大衛（戴）客氣地說，如果我們兒子願意的話，他可以展示一點太極的內勁，於是我們兒子鎖緊雙臂，弓步站穩，這時大衛（戴）只用兩根指頭放在我們兒子的雙臂上，然後輕輕上步，每一次都把我們的兒子推開了好幾步。接著，大衛（戴）讓我們孩子盡力揮拳打他的肚子，他竟然毫髮無傷，談笑自如。

事後，我們兒子敘述當時的情形，他好像打在軟糖上，外面是軟的，裡面則是硬的。自此之後，當然不用說了，我們的兒子不再取笑我們的太極了。

我很榮幸為戴醫師寫序，這本書帶給我們許多太極和中醫的珍貴知識。本書除對各階層的太極習練者有價值外，更證明這些「鬆柔」的動作，也是有效的自衛武功。祝福讀者們閱讀本書後，從其中的智慧中獲得助益。

專欄作家

克林．雅德里

於鹽泉島，哥倫比亞，1995

鄭子太極拳大師陳振輝對一名外籍人士示範「拔根勁」

98.3.8　攝於溫哥華

陳振輝老師示範「拔根勁」時的爆發力
98.3.8　攝於溫哥華

鄭子太極拳大師陳振輝示範以「掤勁」接住多人的推擠

98.3.8　攝於溫哥華

THE LEGEND OF T'AI CHI

太極傳說

武當始祖張三豐

目前流行的太極拳，源於宋朝武當道士張三豐所創的「武當內家拳」，其中包含了「太極拳十三勢」。武當內家拳經由張三豐的弟子王宗，傳給了張松溪，後來以武當松溪派內家拳聞名，雖未以太極命名，但內容與太極有很多近似之處。太極絕學，是王宗岳在河南洛陽和開封一帶旅遊時，教給了在西安開豆腐店的蔣發；蔣發到了陳家溝時，又傳給了陳家第十四代陳長興。陳長興後來傳給了楊露禪，因而有了楊式太極拳的產生。

太極拳的淵源傳說紛紜，經顧留馨、唐豪、吳圖南、雍陽人、趙斌、宋志堅、于志鈞等的各方考證，最終肯定了張三豐與今日太極拳的關係。由於也有文件記載，太極拳可能在唐朝就有了，張三豐應是集其大成，並讓太極拳普遍流傳的關鍵人物。主要引據包括：

- ◆明代宋遠橋的《宋氏太極功源流支派論》中，指宋氏太極功是唐朝的許宣平所創；明代俞蓮舟的《太極拳真義》中，指俞氏太極功是唐朝李道子所創。
- ◆明代歷史學家黃宗羲的《王征南墓誌銘》中，指內家拳起於武當丹士張三豐。王征南是內家拳大師，黃宗羲的兒子黃百家跟王征南學拳。黃百家在他的《內家拳法》中，指張三豐是北宋徽宗時候的人。
- ◆乾宣道長嚴嘉良的《武當秘鑑》中，指張三豐創無極拳十二式、太和拳八式、太極拳十六式，後來三拳合一為太極拳。
- ◆楊露禪的弟子王蘭亭，將太極傳給了李瑞東，李的傳人公佈了陳長興有關太極拳源流的一篇序，陳長興在其中講述了他的老師蔣發，因拜王宗岳為師，而盡得內家武當派悟修的真傳。
- ◆陳鑫《陳氏太極拳圖說》中載有《杜育萬述蔣發受山西師傳歌訣》。杜育萬所著

《太極拳正宗》，明己師承蔣發。

◆ 太極大師吳圖南訪撰寫《陳氏太極拳圖說》的陳鑫，指陳鑫告知，陳家著名的砲捶（陳氏太極第二路）屬少林拳。陳鑫並指陳長興在拜蔣發為師後，因族人視為恥辱，禁其再教砲捶；因此太極十三勢在陳長興門下，可能是單獨習練；吳氏經陳鑫引薦，親睹杜育萬演練蔣發所傳之太極。

王宗岳的《太極拳論》、《太極拳釋名》、《打手歌》和《十三勢歌》，是現有最早的太極文獻，也是太極發展史上的經典之作。這些作品令人確信，太極拳的原版應只有掤、攌、擠、按、採、挒、肘、靠、前進、後退、左顧、右、盼、中定等十三勢，以「人剛我柔」的「走」，與「我順人背」的「黏」字為訴求，其實踐則以揉手（推手）、大攌為主。

在《十三勢歌》中，還出現「益壽延年不老春」的字句，顯示王宗岳並非以純武學的角度來推廣太極，拳術之外，也注重健康與長壽之道。王宗岳的明符槍則是太極札桿的前身。

陳長興為陳家寫下的有關太極著作有《太極

拳十大要論》、《用武要言》等，立論精闢，是陳家有關太極拳最早的著作。在他的《太極拳十大要論》中，明確地為太極拳的剛柔屬性做了解釋：「用剛不可無柔，無柔則環繞不速；用柔不可無剛，無剛則摧逼不捷。剛柔相濟，則粘、黏、連、隨、騰、閃、摺、空、掤、擺、擠、捺，無不得其自然矣！」

由於目前的陳氏太極中並無「掤」、「擺」、「擠」等字眼，說明太極拳自陳長興後，十三勢可能是單獨習練，直到陳長興教給楊露禪，經楊家的改革，將十三勢融入陳家武功。

至於剛柔並濟的訴求，可能出自陳長興的體會，太極拳的心法是柔的，但全身肌肉必須剛強，才能有效傳導經全身重力與地表壓縮、反彈而來的能量，固然筋肉、骨骼只是在力學上的橋樑，但橋樑必須剛強，才能承受重力，反過來說，人體的任何動作，必須先放鬆肌肉，才能快速收縮運動，太極拳講究的是動作前完全的放鬆，如果還沒動，心意就已經硬了，肌肉早就收縮變硬，想快也快不了。此外，從諸多手法、步法、身法、實戰技巧看，太極拳自此已融入這武林世家，而自成一格。

陳家第十六代的陳鑫，著書立論，使陳家武學的源流泛太極化。他擴大了陳長興與太極拳的關係，促成陳家武學都冠上「太極」之名。陳鑫的著作甚多，有《太極拳經譜》、《太極拳纏絲法詩》、《搿手十六目》、《搿手三十六病》、《太極拳圖說》等，他將陳氏的纏絲勁系統化，對太極力學與運用有精闢的研究。陳鑫對當時推手（搿手）的許多弊病，觀察入微，如果現行的推手系統能體會他的心意的話，就不會像鬥牛和摔角般，慘不忍睹了！

陳家因遠處河南，其發展不如地處京城的楊家快，唯一讓人開眼界的，應是1928年陳發科（1887～1957）到北京的展示，據說他技驚四座，勁力驚人。在他積極推廣下，以剛柔並濟為主的陳氏第一、二路拳，吸引了許多以武藝為目的的學習者，目前也有走純柔健康路線的拳架，以加強推廣。

楊家在推動太極拳上的功不可沒。楊露禪受聘在端王府教拳，與次子班侯、三子健侯名滿京城，班侯更被譽為「楊無敵」。

據說楊露禪與八卦掌大師董海川因同在王府教拳而認識，二人曾比武三日，不分上下，彼此都很稱許對方。

楊健侯的三子楊澄甫推廣拳藝最力，在其學生的協助下，著有《太極拳術》、《太極拳使用法》、《太極拳體用全書》等，至此楊式太極拳走純柔的路線，吸引眾多以健身為目的的學習者，風行全國，目前已普及於世界每個角落。

受到陳、楊二式的薰陶，更有吳式、武式（武禹襄）、郝式（郝為真）、孫式（孫祿堂）等太極拳誕生，目前以楊式最為普遍、陳、吳式次之。其中，武禹襄的《十三勢行功要解》、《太極拳解》、《太極拳論要解》、《十三勢說略》等，是最早，也是最精闢的太極力學與哲學的經典之作，與王宗岳的著作，成為往後各家各派的理論基礎，其功至偉。

楊澄甫弟子之一的鄭曼青，以其深厚的知識，將老子和中醫思想進一步融入太極拳，對太極拳在美國的生根發展，有很大的貢獻，主要立論有「陸地游泳說」、「接地之力」等。

目前的太極拳有兩種不同的訴求，一為健身，一為武術，兩者均有助於修身養性。

太極拳的力學原理，與其他八卦掌、形意拳、大成拳（意拳）等，同屬內家拳，其力學基礎也比一般武術複雜，較難理解，也較易失之於有形而無體，喪失其實質而不自知，其特點要之如下：

1. 學習不受年齡、性別限制，均可成就內勁，老而彌堅。
2. 人體的重力集中，重心只放在一腳，地表單方向回饋重力，沒有分力。
3. 全身是一體成型的轉動，腳底是轉軸。
4. 利用地表回饋的能量，全身肌肉的同步起始，沒有個別的關節運動。
5. 上半身肘關節沒有明顯屈伸的動作，從肩至手如一個連桿般運動。
6. 用大腦的意念（炁）透過運動神經，整合全體的肌肉運動。
7. 被動開始，主動攻擊；後動而先至，必須有敏銳的觀察力、觸覺、膽識。
8. 利用別人的力量還擊，四兩撥千斤。

由於太極的易學難成，非經名師指點，無法得其精髓。名師難求，且不乏「名」而不「明」者，所謂「知難行易」，正如太極拳的學習過程。相對的，如跟對師傅，學到正宗的心法，往往可省下數十年的光陰，一旦豁然理解，必將一瀉千里，功力猛進，或可成為太極傳說中的人物，度過一個充實、健康的人生。

INTERNAL & EXTERNAL POWER

內家與外家勁力

曾有很多武術家不厭其煩的比較內家與外家功夫的異同，其中不少人主張，少林功夫是外家的，武當則是內家的。由於太極拳傳由武當的始祖張三豐所創，自然也列入內家的行列。此外，形意拳和八卦掌也是一般公認的內家拳，與太極拳鼎足而立。

事實上，不論是內家或外家的功夫，內外的修為均普遍存在，因為武術的最高境界，在於心靈與肉體的良好結合。因此，即使是少林的武功、易筋經和六合心意拳也很難說它們不是內家的。隨著時代的演變，內在的潛移默化，更受到普遍的重視，內外家的區分也就更難了，它不能單純地以攻防動作的物理分析來劃分，也沒有確切的規格。

曾經有人為內家和外家的武者外貌，做了下列的比較（如圖）：

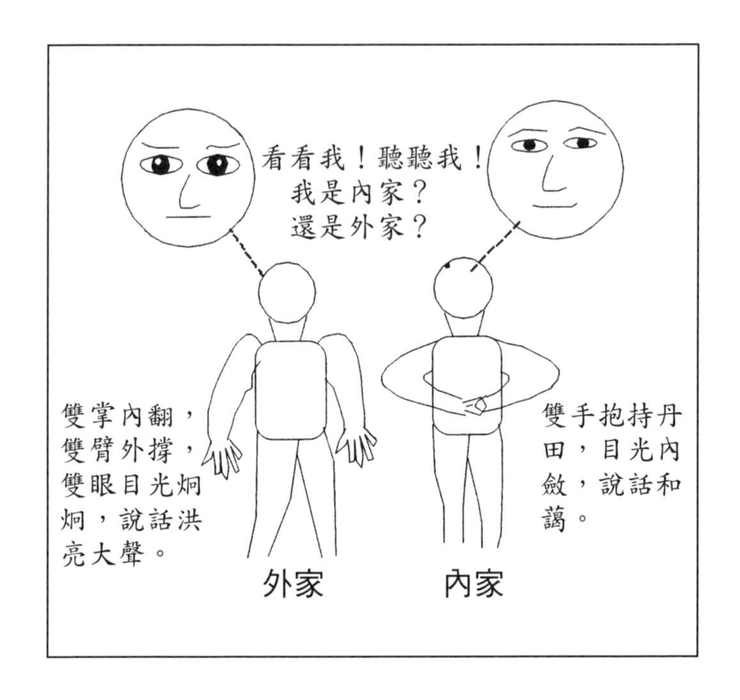

- **眼睛**：外家炯炯有神，內家則目光內斂。
- **手臂**：外家張手張臂，耀武揚威；內家則雙手抱元，守住丹田。
- **說話**：外家宏亮威武，內家雄渾深沉。

太極拳的源流眾說紛紜，一般公認的是武當派的開山祖師張三豐，一開始可能是以太極十三勢為主，即：掤、攌、擠、按、採、挒、肘、靠、前進、後退、左顧、右盼、中定，並以推手和大攌為主要訓練的方法。

這種高不可測的武功，是藉助重力與地表間的回饋，以腳踩後地球的反彈力來發勁，力距自地面起，力距之長為各種武術之冠，但外在動作看來輕鬆自如，神秘的力量被後人尊為內家武功，非大智慧者不可能創此絕技。

王宗岳的學生蔣發到陳家溝後，展現太極絕技，授徒陳長興。可能受傳統觀念的束縛，這十三勢鬆柔的絕技僅止於陳家私練和密授，與帶有少林色彩的陳家武功有所不同，由於陳式家譜中對其武藝的敘述並無「太極」的字眼，現行陳式第一、二路武功的太極兩字，也可能出現於陳長興之後。儘管如此，風格獨特的陳式太極，可能已融入了太極的內涵，尤其是與陳長興有關的支流。

陳氏太極的動作剛柔並濟，身體如螺旋般地運動，充滿爆發力，吸引了許多練武者的投入。後來，陳長興將絕藝傳給了長工楊露禪，除了陳家固有的拳架外，更將十三勢教給了楊露禪。其後，楊露禪的孫子楊澄甫將陳家武功與太極十三勢融合，並發展出一套以健身為主的鬆柔拳架，就是時下流行的楊氏太極，成為最普遍的健身運動之一。因大勢所趨，陳氏也出現僅有鬆柔動作的保健版。

自然的，以十三勢為主的推手、大攦、發勁等秘密，只有入門後再精選的弟子才學得到，更因其原理精緻，四肢發達也不見得體會得出，更難從拳架中學到內勁，難怪這種即使在「門內」也未必學得好的武功，被視為內家武功。

然而，太極拳之所以被視為內家武功，早在它們的拳架變成又慢又柔之前，就已如此，究竟我們應如何為內家功夫下定義呢？以下各點，可供參考：

1. 在戰略上以靜制動，以柔克剛。
2. 當我們被內家勁力打倒或推飛之際，接觸在身上的部分，並未感覺勁力應有的壓力或衝擊，而是鬆柔的觸覺，但威力之大又無法抗拒。
3. 內家高手有神奇的根，可在談笑風生中讓許多人百推不動，猶若高山磐石，令人敬畏。
4. 內家高手有驚人的抗打和抗踢的能力，彷彿有鐵衫或金鐘護身般。
5. 內家師父在發勁或承接外力擊打時，經常是笑顏常開、輕鬆自如的樣子，外在的動作少而靜。

6. 訓練的過程安靜，沒有電影情節中又喊又叫，又蹦又跳的情形。

所謂「以靜制動」，突顯了太極拳「人不犯我，我不犯人」的被動哲學；然而，太極拳在對手處處表現出進擊傾向下，卻能擁有「彼不動，我不動；彼微動，我已動。」的靈敏度。再加上推人時，輕輕一觸，往往可將人推飛數尺之外，這種神秘的作風與力量，讓人覺得這種力量異於一般的力學習慣，從外在看不出真正的動力來源，於是給予「內家」的稱號，以別於我們習以為常的武術印象。

不過，客觀而言，以靜制動應該是武功高深、觀察力敏銳的表現，可以是各種武術家的武學修養之一，並不能一廂情願地認為只有內家功夫才具備。我們毋寧以科學的力學角度來比較兩者的異同。

對執著於內家特色的武術家來說，如何將太極力學表現的與眾不同，甚至讓未曾開過眼界的大感不可思議，不僅是一種修養，也是責任。然而，內家的表現，絕非只把招式動作打得很慢很靜，就可自詡為內家武者，最重要的還是能否掌握其力學原理，使勁力在幾乎沒有臂部屈伸的動作下，發出驚人的威力，才稱得上是內家高手，其秘訣就在於向地球借力量，即太極大師鄭曼青所謂的「借地之力」。

比較各種內家武功，包括：太極拳、八卦掌、形意拳、意拳（大成拳）等，其共同的特點就在於後腳向下踩勁，利用地表反彈的力量，如火箭般地將能量由地表推送上去，則力距由地表起算，長過任何其他武術；此時手臂就像竹竿般，只是負責傳送能量而已，即使手臂不動，在從地底下傳來的推力作用下，重心轉移，這根竹竿自然將頂住的物體給頂出去了，因此內家的奧秘非經高人指點是很難知悉的，其訓練方法更須精心設計，不但擇師可影響日後對內家勁力的判斷與評鑒，更先決定了習武者日後能否成功，焉可不慎？

事實上，早在武禹襄的「十三勢說略」中就已說出了太極內勁的秘密。「……其根在腳，發於腿，主宰於腰，形於手指。由腳而腿、而腰，總須完整一氣……。」只是此項尖端的力學，若無名師指引，也只能自我揣摩，有智慧者或可領悟一二。最糟糕的莫過於孤芳自賞，故作姿態，卻又所知有限的。

內在的修養在於以一種平靜但警覺的心境，充分與四周的環境結合，沒有抵抗或不安。這種內在的信念藉著充分的洗練，形成了整合自我心靈與肉體的本能。

注：楊式太極拳中，共有攬雀尾的掤、攌、擠、按以及隱藏於提手上勢後的肘和靠的動作；前進、後退、左顧、右盼、中定等身法，則寓於拳架之中，長攌即成採；按則可運用於摟膝拗步的動作中。

CHI AND THE SPINE

氣與脊椎的關係

一個正直的軀體
An Erect Body

太極拳動作的最基本要求，就是一個正直的軀體。當我們的身體架構都保持在適當的位置時，各個神經網路得以通暢無阻，所有的器官在正常的空間裡活動，氣血旺盛，有了健康的良好基礎，這是學太極拳最基本的益處。

在醫學的領域中，我們不可以說一個正直的脊椎，因為脊椎在體內是呈向「前（頸）—後（胸）—前（腰）—後（骶骨）」的曲度排列，本來就不是直的。

或許古人誤以為脊椎與人的軀體平行，就像衣架一樣，因此習慣上說脊椎要直，指的是把脊柱往上撐，或把上半身撐直。

一般人因工作、讀書、或生活習慣的不良，

脊柱或多或少都有點彎，造成不同程度的駝背，因此把身體往上撐直了，脊柱的曲度也會恢復正常，所以說把身體打直，可能比把脊椎撐直的說法更適切些。儘管如此，意念中要把脊柱撐直的動作程序，基本上是沒錯的。

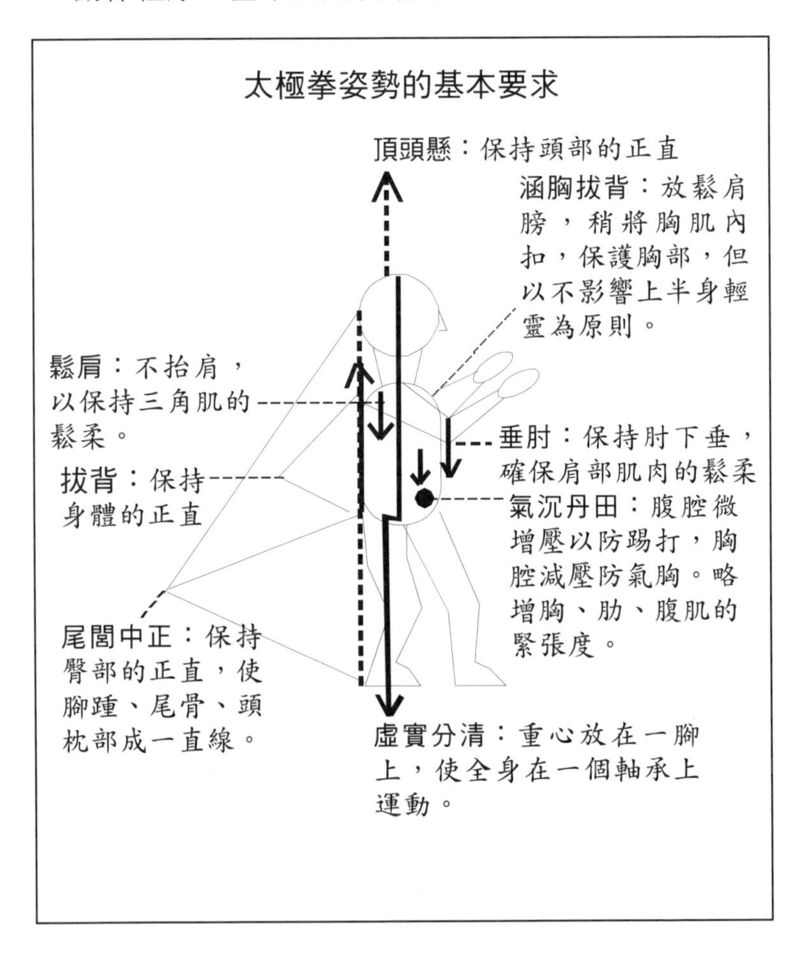

太極動作的基本要求
Basic Pequirements forT'ai chi

1. 涵胸：

放鬆兩肩，使肩膀微向前扣，胸肌略呈緊張狀態，消極意義在於防止肩臂上提或外展，保護心、肺的安全，但以保持胸臂的靈活度為限；積極意義則在於固定肩關節，使肩臂向前推出時，即使遇到阻力，也不至於倒退。

2. 拔背：

意念將背往上拔，事實上也是要將軀體伸直的意思，也就是讓脊柱保持正常的位置。

3. 鬆肩：

使肩臂的肌肉放鬆，測試肩膀是否放鬆，可用手觸摸上臂的三角肌位置，如果這塊肌肉是硬的，那表示肩已抬高，故肩膀的肌肉僵硬，影響到肩臂的靈活度。

4. 垂肘：

讓肘部保持下垂，即肘尖在V字型的下端一點。垂肘與鬆肩是相輔相成的，兩者都是要確定肩臂的肌肉是鬆柔的，當肘部伸直了，肩部的三角肌也同樣會僵硬起來，而失去肩部和背部的靈活。不過，垂肘千萬不可以成為屈臂，意即讓前臂與肩臂部形成90度的直角，則手臂分成了兩段，勁力會中斷在肘關節處，被迫用身體去衝撞，費力又危險。

同理，當我們欲將外力吸收到後腳底時，如果垂肘誤為屈肘，致前後臂呈直角，則外力積蓄在肘關節，我們將被迫用身體去擋，危機重重。此外，肘部稍微下垂可保護肋部被攻擊，這也顯示太極拳保守的一面。

5. 尾閭中正

原意是保持骶骨（sacrum）和尾骨（coccyx）的正直，但實際上骶骨並不是直的，而是向後微曲的，因此我們應解釋為保持臀部的正直，使腰椎、骶骨、尾骨維持正常的排列與曲度，臀部的肌肉才能鬆且靈活。屁股歪了，臀部的肌肉會變得僵硬，臀關節也就失去應有的靈活度。

換言之，如果想確定自己的屁股是否正直，只要摸一摸屁股，看看臀部肌肉鬆不鬆？鬆則直，不鬆則歪。

當我們把重心坐回後腳時，欲確認重心是否平均落在後腳底時，可利用牆壁來試驗，若後腳踵、尾骶骨和後頭部枕骨粗隆間大致與地面成一垂直線，則上半身基本正直，重心也可平均分佈在後腳底；屁股往後超出此線，則很容易向後跌倒。

6. 頭頂懸

保持頭頸的正直，好像有一根線自天上拉起頭髮，頸椎正直可保證任督兩脈經氣的暢通；簡單說，頸部正直使頸椎得以正常排列；交感神經傳導暢通，自然神清氣爽，頭腦清晰。

反之，臨床證明，頸椎錯位或椎間距離縮短，椎體壓迫到神經根或椎動脈，可造成嚴重的偏頭痛、暈眩、噁心、視力模糊、肩頸酸痛、耳鳴、心悸等等，說得玄一點，就是任督兩脈的經氣不通。

7. 氣沉丹田

意念上將氣沉到肚臍下三吋的地方，消極的意義是適度增強腹部肌肉纖維的張力，以保護內臟免於受擊傷或被踢傷；積極的意義是配合涵胸的保護心肺，使整個胸腹部和其中的器官受到保護，以從容應戰。

8. 虛實分清

清楚地將全身重量放到一腳上，不可由兩腳

分攤體重。當一腳是虛的時候，另一腳是實的，意念上應該是百分之百比零，讓全身在一個軸承（axle）上運轉，才能有充分的靈活角度，以及完整的對地表磨勁的回饋。

一個有抱負的太極武者，應該先熟悉上述的基本要求，才可能依照太極力學把拳架打好，發勁也才會有巨大的拔根威力，否則只能成為太極健身操，談不上高深的內家武術。

什麼是氣？
What is Chi？

氣，不論在人文、宗教、中醫、武術上，都具有重要的意義，依照不同的背景，可做以下不同的詮釋：

- ◆ 氣是蘊藏於自然界中的能源，包括磁場、靜電、陽光、輻射線等。它雖然是無形的，卻是無窮無盡的。核子彈的發明，更讓人類深深體認到此一事實，即威力最強大的往往是肉眼看不到的。
- ◆ 天氣的改變，以及這種變化帶給我們健康上的影響。
- ◆ 正邪的分際，善惡的分辨。正氣代表無邪和大公無私；邪氣代表偏離正道，離經叛道。

- ◆ 氣是呼吸與肌肉運動的協調過程。例如逆式呼吸，吸氣時引氣沿脊柱上行至頭頂百會的意念，即依序沿脊柱由下而上運動背部肌肉，同時可撐直身軀，使脊柱恢復適當的排列，神經傳導得以通順，並按摩體內的器官。
- ◆ 氣代表健康與精神的外觀，也象徵人體的免疫功能。說話宏亮，兩眼有神，臉色潤澤，是氣足的表現。若說話無力，兩眼無神，臉色灰暗，是氣虛的表現。
- ◆ 氣也象徵心肺功能和脈搏的強度與波幅，當「上氣不接下氣」時，中間就斷了氣……。
- ◆ 氣代表肌肉的張力。氣虛之症如：疝氣、重症肌無力、子宮或直腸脫垂等。
- ◆ 氣代表我們繼承自父母的先天精華和遺傳因子，例如人類呱呱落地，一出生即會哭；人類更年期以前都有生殖能力，即中醫中所稱原氣（元氣、真氣）的表現。
- ◆ 氣是一種情緒的表現，當「怒氣」衝上頭部時，一個人就會衝動失控；當情緒低落時，即「垂頭喪氣」。

- 氣也是自律神經的功能表現。當脊椎錯位或椎間距離縮短時，交感神經功能紊亂，相對位置上的器官就出現症狀，叫做「氣機不順」。
- 比較少見的，氣是一種超自然的能力。

任督兩脈可以打通嗎？
Chi between the Ren and Du meridians

督脈始於尾骶骨與肛門中間的長強穴，沿著脊椎而上，越過頭頂，下鼻柱，止於上唇繫帶；任脈則起於會陰中央的會陰穴，沿著腹、胸中線而上，到達下嘴唇下方頦唇溝正中的承漿穴，再向上進入眼眶。任督兩脈正好在身體前後的正中央線上相對，它們象徵了中樞神經、脊神經和交感神經的功能整合。

督脈是脊神經與交感神經（sympathetic nerves）分布的所在，督的意思是統治、管理，代表它與肌肉運動和內臟功能調節的緊密關係；任脈則是脊神經（spinal nerves）前支分布所在，職司感覺與運動；每一脊神經包括軀體感覺、內臟感覺、軀體運動、內臟運動等四種纖維，它與肌肉和內臟的運動仍有緊密的關係。

任督兩脈前後相對的穴位，來自同一脊椎的兩個神經系統，透過中央神經系統的指揮協調，在器官的一前一後，互相呼應，合作無間，維繫了整個生命的活動。因此，以科學的眼光，任督兩脈的經氣本就是通的，除非此人已經做古，這裡我們可以將「打通任督兩脈」的想法，視為古人對脊椎的正常排列與身體健康息息相關的體認，雖抽象了點兒，但頗富啟發性。

開發潛能人類的身體就像這個宇宙般，還有許多事情是我們不知道的。醫學研究指出，人體肌肉中的毛細血管、肺臟的肺泡、大腦的腦細胞中，實際用到的，只不過其中的十分之一，還有十分之九還沒開發。

透過精神的放鬆、呼吸的調節，脊椎的正常配置、橫膈膜的運動，以及器官的體內按摩等，我們的氣血循環便好，潛能得到開發，身體自然健康，這更突顯了脊椎與氣關聯的重要性，也是學太極拳和氣功的首要目的。

儘管古人不知道神經是什麼，卻深知保養脊椎之道。「氣」的觀念，就像電腦執行指令的主要程式，當我們吸氣時，意念想像「氣」隨著吸氣的動作沿著脊柱而上，傳達訊息給該處的運動神經，以活動沿線的肌肉，背部肌肉順序往上運動，把身體撐直了，原來曲度改變的脊柱終於恢復原狀，周圍神經得以正常的傳遞神經衝動，肌肉、血管、器官等功能終於能正常運作，不但能促進我們的健康，更可激發我們的潛能，這裡我們就不得不佩服古人的觀察力與智慧了！

不過，中醫經絡比一般練氣養生的任督循環要複雜許多，由針灸經穴的命名來看，最接近交感神經對內臟影響力的表述，莫過於膀胱經沿脊椎兩旁的穴位了，它們是各經絡中唯一以器官名稱命名的，而任、督兩脈的穴名則多以其所在位置、功能上的意義為命名方式。

任脈偏重於器官功能性的表達，督脈則著重於神智、全身神經症狀為主。膀胱經的穴位雖大部分在脊椎兩側旁開一吋半和三吋的位置，針法是向椎體方向斜刺。

現代科學研究多主張，穴位與血管附近交感神經的傳導有關，而古人對交感神經、脊椎、器官功能之間的密切關係，似有相當深厚的體認，並根據觀察結果，發明出一套保健的系統。

近代的中國大陸更設計出沿脊柱旁開五分（半吋）取穴的「華陀夾脊」穴系統，斜針往椎體方向扎針，臨床上對器官功能的調整，療效頗理想，不但可避免針刺背部穴位過深可引起的意外，也是對穴位與神經系統關係的再探視。

脊椎與疾病的關係
The Spine and Disease Processes

太極拳要求涵胸拔背、尾閭中正、頂頭懸、神貫頂等等，一言以蔽之，就是要保持身體的正直，這樣身體才會健康，動作才會平衡！就因為這道理太簡單了，所以大家都……忽視它的重要。事實上，即使X光照不出什麼問題，小小的脊椎錯位（輕微的滑動）和椎肩距離縮短，都會造成許多症狀，尤其是頸椎的毛病，牽涉到精細的腦部和五官，所引發的症狀嚴重，卻又查不出原因的病例，不計其數。這些纏鬥經年的毛病，有時只要改正姿勢，恢復頸椎的原貌，可以立即得到緩解。

以下內容是臨床上常見的症狀和誤診，其真正原因是脊椎排列紊亂、錯位、椎間距離縮短等，查得出原因可能立即治癒，查不出則可痛苦一輩子。其中，C代表頸椎（Cervical vertebrae），T是胸椎（Thoracic vertebrae），L代表腰椎（Lumbar vertebrae）：

1. 枕環（C1）

眉稜骨附近的頭痛、整個頭痛、暈眩、複視、視力模糊、眼皮亂跳、鼻敏感、痙攣性搖頭不止、精神官能症（Psychoneurosis）、肌肉纖維痛（fibromyalgia）。

2. 環樞（C2）：

前額頭痛（tension headache）、頭頂痛、暈眩、視力模糊、眼皮亂跳、精神官能症；因不平衡而誤診為美尼爾氏症（Meniere's Disease）、內耳病毒感染（viral infection）等。

3. C2-3：

錯位的單側頭痛（migraine headache）、後頭痛、眼球深部鈍痛引起的頭痛（Cluster headache）、喉頭異物感、吞嚥不適、打呼、心悸、脖子酸痛、肩背痛、耳鳴、聽力減退。

4. C3-4：

頭痛、暈眩、脖子酸痛且緊、手發麻。

5. C4-5：

手持物時突然失力掉落、手臂或手指麻木、

噁心（nausea）、肩關節周圍炎、打呼（snoring）、心動過緩（bradycardia）、姿勢性低血壓（Postural hypotension）、血壓驟升。

6. C5-6及C6-7：

肩背緊痛、一側手臂麻木或針刺般痛（橈側或正中）、持物落地。

7. C7, and T1-2：

咳嗽、胸悶、氣喘、一側手臂麻木或刺痛（尺側）。

8. T1-5：

心悸（Palpitation）、心動過速（tachycardia）

9. T2-6：

氣喘、咳嗽、過敏性支氣管炎。

10.T5-8：

厭食症（anorexia）、食道及賁門痙攣、打嗝（hiccoughs）、胃痛（epigastric pain）、嘔吐（vomiting）、胃潰瘍等。

11.T8-10：

胰臟功能紊亂（Pancreatic disorder）和糖尿病。

12.T9-12：

肝、膽、脾、胃的症狀。

13.T11 to L2：

腎臟（kidney）、輸尿管（ureter）、結腸（colons）功能的紊亂。

14.L1-3及S2-4：

直腸（rectum）、膀胱（urinary bladder）和子宮（uterus）功能的紊亂。

由此可見，脊椎排列的改變，會影響到神經的傳導，也干擾了各器官的活動空間，因而引起相關部位的器官功能紊亂。比較中醫醫學，氣的運行就象徵著神經的傳導，脊椎的排列不良，氣的運行也就受阻。

學太極拳的好處，除了鬆弛緊張的心情、追求寡慾寧靜的生活，以及練內勁、避亂世。最基本的貢獻就是把身體的姿勢矯正過來，使氣血運行通暢，減少許多病痛。難怪一些歐美國家的醫界人士，近日紛紛投入太極拳健身養性的行列，太極拳貢獻之多元化，是其他運動所難比擬的。

POWER OF MIND

心靈力量

氣是生命的現象，也是自然界的能量的表現。氣與心靈的結合，可以產生無法預期的心靈力量，它是一種期盼，也是一種信念，所謂「精誠所至，金石為開」，就是這個道理。

在太極的世界裡，欲感受氣的存在，最簡單的方法應是由鄭曼青大師提出的「陸地游泳」的理論。就從簡單的身體旋轉和移動來說，只要我們想像四周都是水，手指舞動之處盡在水中，就可以直接感受到空氣的存在。

我們甚至可以將兩手掌當做兩個磁場，讓它們相互吸引、流通，馬上有一股痲脹的感覺湧現。那種感受是瀟灑，也是滿足，是難以用言語形容的。

就醫學的眼光，當我們將注意力集中在手掌時，就可以感覺到手掌內血液的微循環；如果同時想像雙手在水中游動，就能感受到空氣的流動。更重要的是，我們感覺到自己的存在與價

雙手前推，宛若推動萬噸的海水於前，
以感覺氣的存在。

值。掌中麻和脹的感覺可能代表血液的循環和靜電感應。這種感覺在搓掌後特別明顯，尤其加上心理的暗示，在認定一切都是真的情形下。

仔細研究我們的手掌，橈、尺神經和它們的許多分支，都分布在這小小的方寸之地。再比較身體其他的地方，手掌是最靈活，也相對較薄的部分，其內的動、靜脈均極靠近體表，因此我們特別容易感到其內的血液循環，也是針刺較痛的地方，痛到可讓休克中的人醒過來。

當我們把注意力集中在手掌，或輕輕伸展手

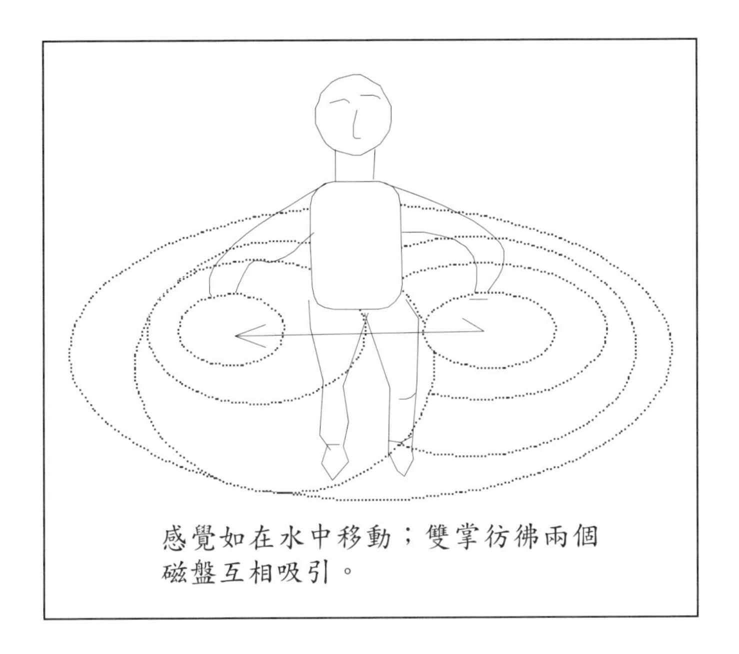
感覺如在水中移動；雙掌彷彿兩個磁盤互相吸引。

指時，更能清楚感覺其中的循環。位於第三掌指關節橈側後方掌心橫紋中的勞宮穴（屈指握拳時，中指指尖所在的位置），是最具代表性的穴位，八十年代以後被用在氣功發放外氣的位置。

勞宮穴下的深層有指掌側總動脈，布有正中神經的第二指掌側總神經，在神經、動脈並肩為鄰的情形下，只要集中注意力，就可感到令人麻、脹、熱的微循環了。

空氣中游泳
Swimming in the air

為讓人體會到氣的存在，太極宗師鄭曼青提出「陸地游泳」的構想，亦即將陸地當做海洋，將空氣比擬為海水，在陸地上的空氣中游泳。這是個了不起的創見，因為只要把周遭環境中的空氣當成海水，假想手指揮動之處，盡是海水，即使輕舞著小手，當即感受到氣的存在。將這個「心法」運用到太極拳的基本訓練和拳架上，就可立竿見影地收到「氣聚神凝」的效果。

全身肌肉必須放鬆，如有困難，可臉帶微笑，自然能化解僵硬。讓我們的心靈與自然界融合在一起，則氣暢通於皮膜、血管、骨髓之中，令人感到全身舒暢。

意守與丹田
Yi-Shou and Dantian

意守是指練氣時，將意念集中在身體某一處，作為吸氣與呼氣動作的銜接點，並可將氣儲藏在其中。適度的意守應儘量在自然呼吸的配合下，一方面隨著橫膈膜的上下運動，柔和地蠕動體內的臟器；一方面強化特定部位的肌肉張力，防止外力的碰撞傷害。不過當我們過度把注意力集中在呼吸及身上某一點時，很容易因過度換氣，或換氣不足，反而對身體健康不是很好。

那麼，什麼是「丹田」呢？「丹」是用心鍛鍊出來的結果與精華，「田」則是耕耘和收穫的地方，換言之，丹田是我們調節呼吸，增進心肺功能，運動橫膈膜，強化內臟蠕動的一個界點。我們把整個體腔當成一個製造能量和維繫生命的汽缸的話，丹田是汽缸做橢圓形運轉的下界，隨著我們的呼吸做規律的蠕動。

根據晉朝黃甫謐的《針灸甲乙經》，丹田是石門穴的別名；明朝楊繼淵的《針灸大成》則指丹田為關元穴的別名。如果依照道家練氣的解釋，丹田位在臍下三指幅寬（約1.5吋），即針灸學上的關元穴，是男子精室和女子胞宮所在；氣功的丹田則以臍下的丹田為下丹田，兩乳間的膻中穴為中丹田，兩眉之間的印堂穴為上丹田。

一、上丹田的印堂

在針灸學上屬經外奇穴，在中醫名為「闕中」，可用來檢查肺臟的功能。印堂即俗稱的第

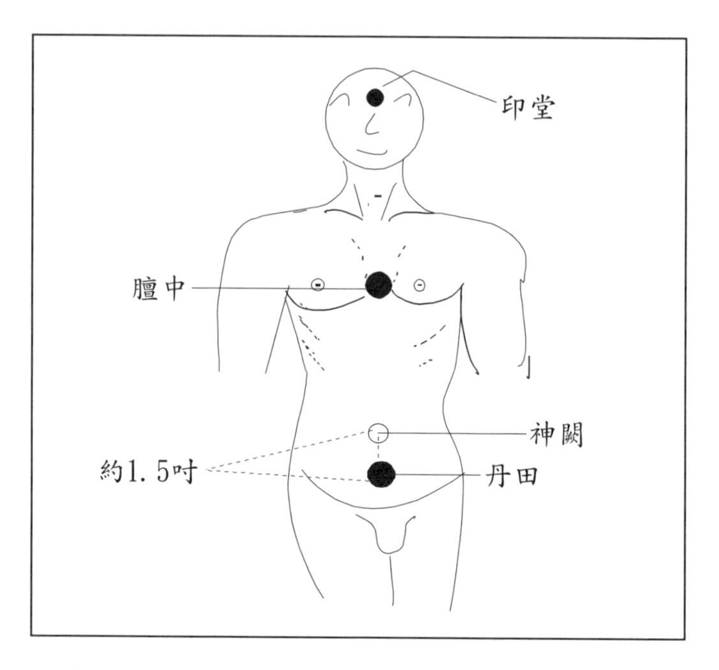

三隻眼，部分氣功師用來發氣用。一般印堂很少用來意守，因為過度地集中注意力，容易引起頭痛或發脹，有高血壓的人宜慎用。

在針灸方面，印堂可用來治療頭痛、失眠、鼻病，以及與腦下垂體有關的疾病。印堂也是我們容易感到血液微循環的地方，因為這裡的肌肉很薄，而眼睛周圍卻分佈眾多的血管與神經，包括：眶上動脈（supraorbital artery），內側眼瞼動脈（medial palpebral artery），眼角動脈（angular artery），上、下眼瞼動脈（superior

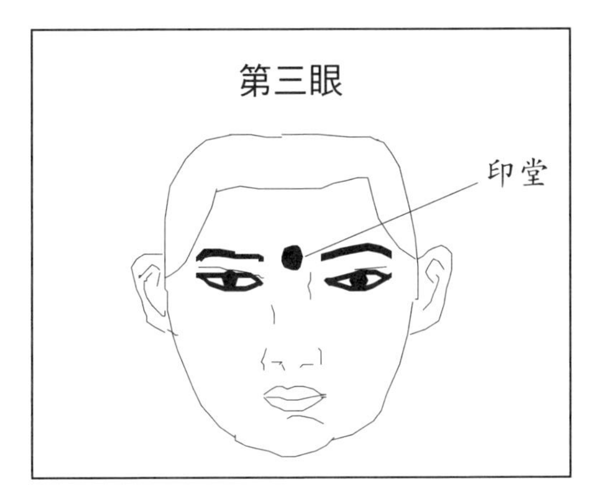

and inferior palpebral artery），顳淺動脈（superficial temporal artery）前支，滑車上動脈（supratrochlear artery），面動脈（facial artery）等，以及額神經、眶上神經、滑車上神經、面神經等。

如果我們將注意力集中在兩眼的中間，就可感覺到此地帶的血液循環，眨眨眼可能感受更強，這可能是它雀屏中選，成為上丹田的原因吧！

二、中丹田膻中穴

別名「上氣海」，位於兩乳中間，一般很少用為丹田。氣會膻中，是針灸學上的八會穴之一，也是任脈、脾經、腎經、小腸經、三焦經的交會穴，用在咳嗽、氣喘、胸痛等症狀。

三、下丹田關元穴

這是一般最常用到的丹田。在針灸學上，丹田的位置並不統一，有指石門穴為丹田，也有指關元穴為丹田。

1. 石門是任脈第五穴，位於肚臍下兩吋，主要用來治下腹痛，不過據說針刺此穴可引起絕孕，如石門般，因此似乎不可能用為丹田；另據大陸一些醫療單位報導，用針或灸施用在石門穴二至三次，以感到子宮發脹為止，避孕效果可從數月到終身不等，選擇時間多在月經剛結束後。
2. 值得一提的是臍下一吋半的氣海穴，是先天元氣匯集之處，深部是小腸，對營養的吸收和消化，有相當的意義，如果以此為丹田，比石門要合理得多。
3. 不過，不論針灸或道家練氣，較一致的丹田是位於臍下三寸的關元穴，因是人體元陰（卵子）和元陽（精子）關藏交會之處，所以叫關元，主要用來培元固本，治療遺精早洩、月經不順、男女不孕等；唯一禁忌是孕婦忌針，因為它有幫助生產的作用。

四、丹田在健康上的意義

當我們吸氣時，想像氣沿脊柱而上，至頭頂百會穴，沿途將我們的脊柱撐直，使它恢復正常的曲度，脊髓神經得以傳導順暢，器官得到適當的活動空間和蠕動。呼氣時，引氣下行，經過胸、腹，將氣關藏於臍下關元穴的丹田所在，放鬆背部肌肉；練氣養生上，丹田是下腹部呼吸運動的終點。如此配合呼吸，一上一下，一開一合，一撐一鬆，不但促進了我們的心肺功能，各器官得以適度蠕動，矯正的脊柱的曲度，周圍神經的傳導也能通行無阻，其助益非凡，所以說「以氣運身，務令順遂，乃能便利從心」。

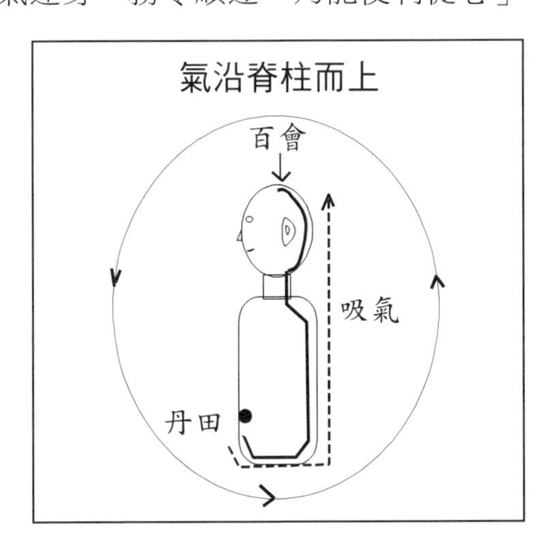

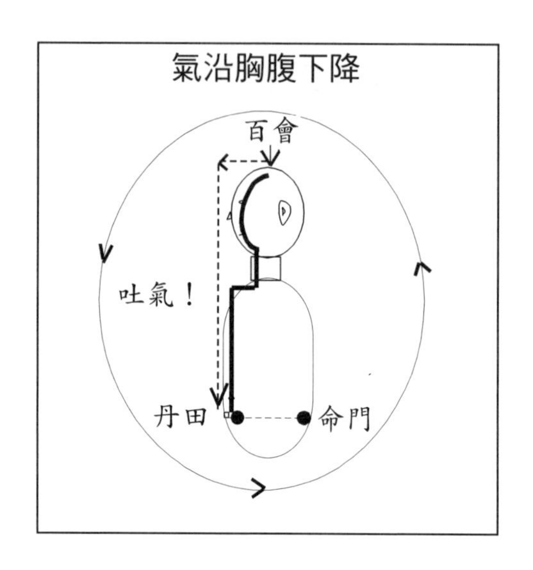

五、丹田在武術上的意義

在武術上仍宜以關元為丹田，它是練氣和發勁的重要部位。當我們坐下來時，位於臍下三吋的關元穴是可觸及腹直肌的最低點；在解剖位置上，腹直肌起自第五到第七肋骨和胸骨劍突（Xiphoid process），止於恥骨聯合（Pubic Symphysis）和恥骨結節（Pubic tubercle）之間，而自關元穴以降，腹直肌鞘（Rectus sheath）即不再有後層，較無法接受重力打擊，這也是為何拳擊賽禁止選手攻擊下腹部的原因。

當腹部受到打擊時，迅速「氣沉丹田」，提

高整個腹部的張力，以避免內臟受傷，這是武術上丹田的重要功用之一。

中國武術的鐵布衫、金鐘罩、鐵襠功、張松溪的武當派內功等，利用各種排打、練氣等方式，均可強化全身肌肉群的張力和骨骼的密度，而關元是下腹部用來排打的重要位置，但除非有良師指導，否則不可輕試，以免受傷。

此外，部分內家武功發勁時，以發聲和氣沉丹田的方式來提高勁力，此時腹腔壓力增加，保護內臟；胸腔因發聲吐氣而減壓，背部肌肉放鬆，加速了肩臂運動的速度；肩臂推出後，胸肌收縮，有保護心肺的作用。

太極拳發勁時，準備階段先吸氣，使氣充滿於脊柱兩旁，此時肺部充氣，胸腔壓力增大，背部肌肉相對較緊張；發勁時吐氣，胸廓回縮，背部肌肉放鬆，即「**發勁須沉著鬆靜**」，則可迅速運動肌肉，想像氣由脊柱兩旁沿肩胛、肩、肘、腕、掌，順序而出，氣有效協調了整個背部和肩臂的肌肉群，使全部肌肉充分參與勁的發出，穩固地支撐肩臂關節，骨骼則有效支撐和傳導內勁，所以說「**心為令，氣為旗**」、「**力由脊發**」、「**牽動往來氣貼背，氣斂入骨**」，這些都需要我們的意念、呼吸、肌肉和骨骼的高度配合，才能使這種高級力學發揮得自然且強勁。

六、換氣過多與不足

太極拳的呼吸方法強調自然法則，也就是說愈自然愈好。把太多心思放在呼吸的動作上，無形中會吸入過多或不足的空氣，而造成身體的不適。過度的呼吸動作，在醫學上叫「換氣過度」（Hyperventilation），症狀包括：焦慮、心悸、短氣、胸悶、頭痛、脹氣、暈眩等。反過來，當我們太執著於氣的運轉時，也可能呼吸不足，造成換氣不足（Hypoventilation），感到疲勞，昏昏欲睡，頻打哈欠等，這代表腦部的缺氧，不是好現象。

當你為了大周天、小周天、氣沉到哪裡、甚至上氣接不到下氣、中間險些斷了氣時，最好的策略是，忘掉氣的一切，只要想想周遭好的事物，告訴自己「我一切都很好！」然後打一趟太極拳，寓氣的耕耘於無形。當你全身溫暖，精神暢快時，氣早已到達，何必強求！所謂「**全身意在精神，不在氣，在氣則滯。有氣者無力，無氣者純剛。**」就是這個意思。

湧泉與命
Yongquan and Mingmen

為避免學習者對氣和呼吸的觀念混雜，徒生面擾，太極拳的前輩們設計了一些簡易的方式，用較少的意念來呼吸行氣，以面取代點線，或只用兩點作基地，捨棄傳統的經絡、周天的理論。其中一種是，吸氣時讓氣充盈於脊柱兩側，好像氣貼到背上一樣，把脊柱撐直；呼氣時則將氣沉到丹田的周圍。更簡單的方式，則在吸氣時，引氣到命門穴；呼氣時仍氣沉丹田。也有人建議，有高血壓或腦部疾患的，不論吸氣時意念放到何處，呼氣時都將氣放到腳底的湧泉穴。

我個人則以為，了解氣、呼吸、脊椎、器官蠕動、神經傳導的原理，知道為何而做，比任何事都重要，所謂「知行合一」，或可免除學習過程中的許多困惑。

湧泉是腎經的第一穴，位於腳底板中央線前三分之一與後三分之二的銜接處，針灸學上可用來治療高血壓、小便不利、休克、喉嚨痛等。

命門是督脈第四穴，位於第二腰椎棘突下，是生命之門，象徵人體腎上腺的功能，對腎上腺

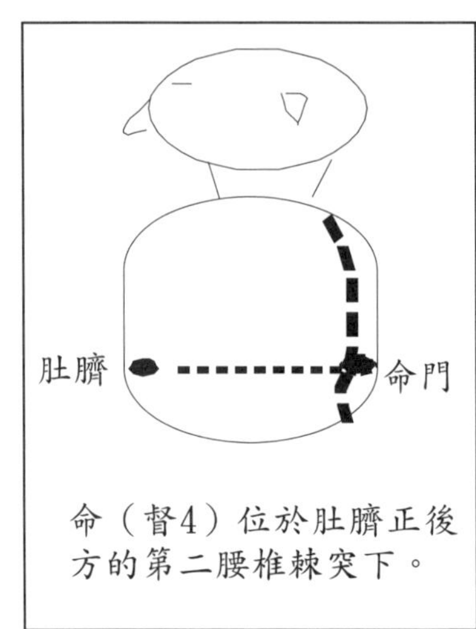

命（督4）位於肚臍正後方的第二腰椎棘突下。

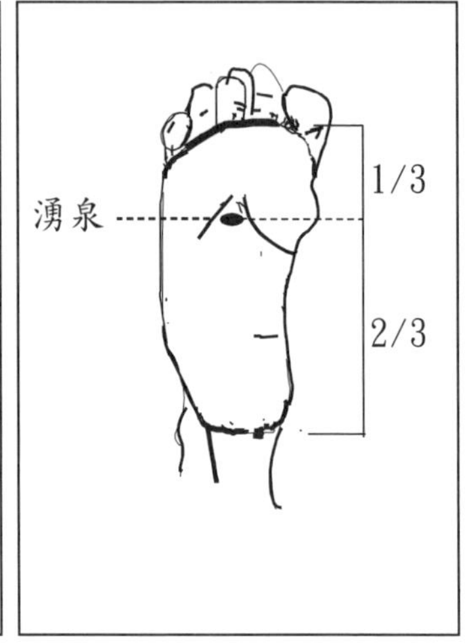

功能低下，精力不足的症狀，在命門穴用灸法或按摩法，有相當的助益。

靜坐與觀想
Meditation

靜坐不但可藉呼吸來矯正脊椎姿勢，調整心肺功能，更是明德靜心的主要方法。只要姿勢端正，呼吸順暢，雙腳是否盤坐並不重要。臀部下可放一坐墊，坐時要頂頭懸，即想像有一根繩子自天上懸起自己頭頂的頭髮，使脊柱撐直。

在武術上，舌頂上齶、咬緊牙關等動作，是為了強化頭部各肌肉群，以免因被打而傷及腦部；靜坐修心則不須這麼做。

觀想，是道家與佛家的術語，即靜坐時，神、佛等在我們頭上加持，千道白光罩住我們全身，換句話說，就是想像自己獲得庇祐和保護，好幸福啦！你也可以用各種自然景象來觀想，例如：很冷的時候觀想太陽；很熱的時候想冰山，也可以用自己崇拜或信仰的偶像來觀想，甚至耶穌基督、張三豐等都可以，或者什麼都不想，只告訴自己「我很好！」當你想自己好的時候，自然就很好，歐美流行的「心靈力量」（Mind power），不就是「我很好」？

在繁忙、複雜的今日世界，求得心靈的平靜與身體的舒適，是人類最基本的要求。太極拳不僅是上乘的內家武功，更提供一個安詳、舒緩的心靈境界給我們，或許哪一天國家執牛耳者能帶領天下，在大自然中練太極。就是無為而治的時代來臨了。

氣與呼吸
Chi and breath

太極拳是採用自然開合式的呼吸法。當重心向前移動、手臂前伸或外展時，呼氣；當重心向後移、手臂後屈或內收時，吸氣。

吸氣時，橫膈膜肌肉收縮下降，同時造成胸腔的真空，胸廓擴張，但一方面使背肌處於蓄勢待發的狀況，就好像弓弦張開一般，這也是一種「蓄勁如張弓」。

呼氣時，橫膈膜放鬆上升，肺部排氣，胸腔內壓力減小，背部的肌肉張力減少，上背部的肌肉從肩關節至指關節止，視為單一的連桿，得以快速向前按出，即為「發勁如放箭」。

氣、焦點與運動協調
Chi and Focus

焦點與呼吸在太極拳中，對注意力的集中有相當的影響。當我們發勁時，焦點透視物體，由大腦協助統合所有的運動神經，使各部肌肉得以同步運動，向共同的目標運動。發勁後，當身體後坐時，焦點經鼻尖監視於兩手間範圍內的對方動靜，尤其是兩肩與下巴之間的區域，以防止對方的襲擊。通常對方有任何動作時，這個三角區會先動。

以太極拳「按」的動作為例，吸氣時假想氣由下而上充滿於脊柱，往上將軀體伸直，使脊柱處於適切的位置。呼氣時假想氣由脊柱兩旁（實際是肩胛）起，經肩、肘、腕，直到指關節上，隨著意念的想像，大腦扮演了協調運動神經與肌肉的重要工作，就像是電腦的中央處理器般；氣成了運動神經的衝動，讓肌肉動起來，就像電腦工作的指令（Command）般。意與氣之所至，運動神經也跟著使沿線的肌肉動起來，有條不紊。注意此時從肩胛到指關節應視為一條整體的連桿，一貫作業，不能有屈肘和伸肘的動作，因為這支連桿只是用來撐住外界的物體，以便將重心轉移所帶來的地球反彈力，傳到敵人身上。

氣與聲音
Chi and Sound

「哼哈」發聲法是用來誘敵和輔助發勁用。「哼」是用來誘敵，「哈」則是企圖以音量震撼敵人。太極拳的蓄勁是在吸氣時完成，不可能既吸氣又發聲，因此「哼」應是配合引勁，僅占呼氣前半部極短的時間，此時從一側給對手短促的震動，使其因緊張而錯估形勢，往該側抵擋，此時我方用剩下的大部分的氣，以「哈」音發勁攻擊。「哈」音用在呼氣發勁之時，須張大口腔，也有助於肺部的排氣，以減低胸腔壓力，減少背部肌肉的緊張度，可加速發勁的速度，一方面也可震撼敵人，一舉兩得。時下對太極拳「內家」的憧憬，運用發聲向「外」的已不多見。

總結：

- ◆「意」是大腦協調運動神經的作用，就像電腦的中央處理器（CPU）。
- ◆「氣」是運動神經對肌肉運動的命令執行，就像電腦執行工作的指令（Command）。

注：胸廓由脊柱、肋骨、胸骨和肋間肌等胸壁軟組織共同組成。底部是由膈肌封閉。

POWER FROM THE EARTH

向地球借力量

太極拳的動力來源

太極拳的內勁有幾個特色：

一、主要來自人體重力與地表壓縮的回饋，亦即體重向下壓後，由地表反彈回來的力量。它產生壓縮與回饋的方式有兩種：

1. 用腳底使勁向下踩，讓整個腿像活塞般地向地球施壓，利用其反彈力推動身體直線運動，向前或向後。
2. 用腳底肌肉原地圓形運動，腳的位置不變，就像個轉盤或磨子般，以腳底肌肉與地面的擠壓，造成與地表的壓縮與回饋，帶動身體的轉動，但實際上腳並未轉動。

二、能量集中，沒有分力。全身重量集中在一腳上，壓縮同一位置，向同一方向回饋，單重且虛實分清。因此壓縮力與反彈力集中合一，沒有分子，爆發力強。

如按肌肉運動的方式分析，太極拳直線前後的運動能源，主要在屈大腿，且保持身體高度不變的原則下，使勁兒做向下伸大腿的動作，則小腿對地表的壓力遞增，其反彈力往上傳向大腿。由於身高要保持不變，大腿又非伸直不可，只好移重心向前以代替向上，形成由下往上的強勁前推的力量。

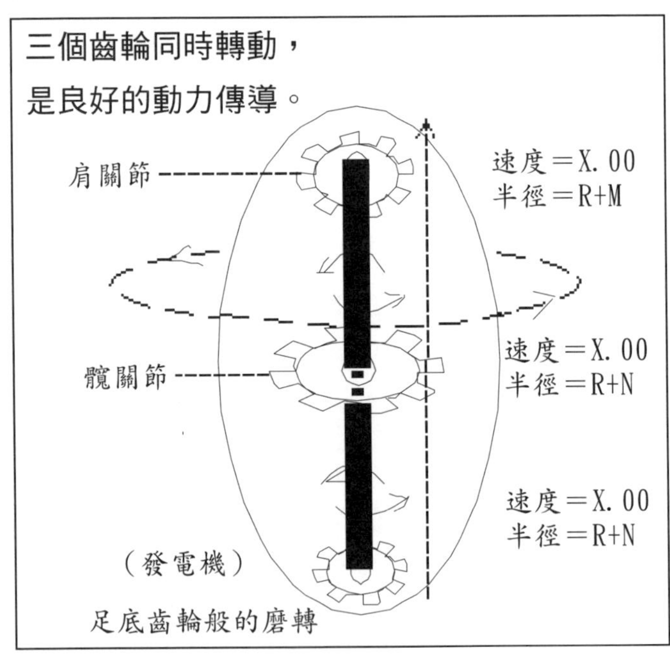

太極拳圓形運動的分工較複雜，靠小腿發動足部內翻或外翻的力量啟動和加速（速度），同時利用髖關節的靈活性加大旋轉的幅度（力距）。由於腳底連在地表，且全身重量都加在這一腳，內翻或外翻均受到地表阻撓，因而不斷產生腳底肌肉與地面的摩擦與回饋，其反彈力帶動了整個腿的反向轉動，亦即足部的外翻造成大腿的內旋；內翻則助長外旋，如此反而與大腿的旋轉方向一致，髖關節則加大旋轉的角度，帶動了整個軀體的旋轉，好似龍捲風般。這與一般純粹用髖關節及其肌肉群來扭動全身不同。

整個磨勁的程式相當複雜，因此最好將意念放到所有肌肉運動的終點……即足底，使各部的協調以最後的目的地為依歸。「心法」的不同，往往在不知不覺中影響武者的成就。

或許有人會質疑，為什麼是用足底來發動全身的旋轉，而不是髖關節或腰部，其實道理很簡單，就好像為什麼我們不用腳趾頭彈鋼琴一樣，什麼樣的工具做什麼樣的活兒，小關節活動所需的能量較少，關節多，分工細，動作靈活，速度也快。

臀部的肌肉厚重，關節的構造少而簡單，且

有上身、下肢的束縛，啟動慢，加速度也不理想，這個大齒輪自然沒有腳下的小齒輪輕快了。何況腳底所承受全身的重量，可以順理成章的成為全身重力的「代言人」，從地表回饋的能量自然是最大且最集中的。

事實上，任何武術或多或少都需要地球的能量。從下列的問題中，或許可以得到更多啟示：

1. 坐椅子上，舉雙腳離地，做揮拳的運動，則揮出的力道有限。將雙腳放到地上，再次揮拳，自然扭轉髖關節，是不是更有力量了呢？
2. 雙腳跳起來，在空中揮拳，有力嗎？
3. 如果把世界拳王爭霸戰移到月球上比的話，會是什麼有趣的畫面！

腰腹部的肌肉，主要是用來前屈和伸直脊柱的，並無旋轉的功能；勉強扯得上關係的，是列為下肢肌肉的腰大肌，由第一至第四腰椎的椎體和橫突，分佈到股骨小轉子，可以外旋和屈大腿。

依照生理解剖學來分析，太極內勁是以下肢肌群為動力來源，共有髖肌、大腿肌、小腿肌和足肌，其分工如下：

一、髖肌

1. 髂腰肌（Iliopsoas），髖肌前群。分髂肌（Iliacus）和腰大肌（Psoas major）兩部分：**屈大腿、外旋大腿**。

2. 臀大肌（Gluteus maximus）：髖肌後群。**後伸和外旋大腿，防止軀幹傾斜**。

3. 臀中肌（Gluteus medius）、臀小肌（Gluteus minimus）：**外展大腿**。

4. 梨狀肌（Periformis）、閉孔內肌（Obturatatus internus）、閉孔外肌（Obturatus externus）、股方肌（Quadratus femoris）：髖肌後群。**外旋大腿**。

二、大腿肌

1. 縫匠肌（Sartorius）：前群。**屈大腿，內旋小腿**。

2. 股四頭肌（Quadraceps）：前群。**伸小腿。股直肌並可屈大腿**。

3. 闊筋膜張肌：**屈大腿，伸小腿**。

4. 恥骨肌（Pectineus）、股薄肌（Gracilis）、長收肌（Adductor longus）、短收肌（Adductor

brevis）、大收肌（Adductor magnus）：內側群。使大腿稍外旋。

5. 股二頭肌（Biceps）、半腱肌（Semitendinosus）、半膜肌（Semimembranosus）：後群。屈小腿，伸大腿，協助臀大肌伸直軀幹。

三、小腿肌

1. 脛骨前肌（Tibialis anterior）：屈足背和內翻。

2. 膕肌（Popliteus）：屈小腿、內旋小腿。

3. 肢骨後肌（Tibialis posterior）：使足蹠屈並內翻。

4. 腓骨短肌（Peroneus brevis）、腓骨長肌（Perorxeus longus）：使足蹠屈和外翻。

太極動力與下肢肌肉間的關係

一、直線動力

1. 將重心放在一腳，全身重力壓縮地表而引起回饋。

◆ 屈大腿：髂腰肌、縫匠肌、股直肌、闊筋膜

張肌。（傳導全身重力至地表，蓄勁）

◆屈小腿：小腿三頭肌（腓腸肌、比目魚肌）、膕肌、股二頭肌、半腱肌、半膜肌。（傳導全身重力至地表，蓄勁）

2. **重心前移**（後腳向下踩）

◆伸大腿：股二頭肌、半腱肌、半膜肌、臀大肌（後伸大腿）。（放勁）

3. **重心後移**（前腳向下踩）

◆伸小腿（前腳）：股四頭肌、闊筋膜張肌。（向下踩，向後拔；擴或採）

4. **背部發勁前的準備動作**（牽動往來氣貼背）

◆略提肩並拉肩胛骨向內：斜方肌（枕外粗隆、上項線、全部胸椎的棘突到鎖骨外三分之一、肩峰、肩胛岡）。

◆略牽動肩胛骨向內上：菱形肌（從第六、七頸椎和第一至四胸椎棘突到肩胛骨內側緣）。

◆吸氣、提肋：上後鋸肌（從第六、七頸椎和第一、二胸椎棘突至第二～五肋角外方）、肋間外肌（肋骨下緣至下位的肋骨上緣）。

◆略上提肩胛骨：肩胛提肌（位於肩胛內側

角）。

◆ 伸直脊柱：骶棘肌，分髂肋肌、最長肌、棘肌（從骶骨背面和髂脊後部分別到肋骨、橫突和乳突、棘突）。

5.**拉整個肩關節向前內略下方出**（力由脊發）

◆ 降肩：斜方肌。

◆ 肱骨略內收：背闊肌、胸大肌（鎖骨內半、胸骨和第六肋骨前端至肱骨大結節）。

◆ 降肋：下後鋸肌（第十一、十二胸椎和第一、二腰椎至第九～十二肋）、肋間內肌（肋骨上緣至上位的肋骨下緣）。

◆ 拉肩胛骨向前下：胸小肌（從第三～五肋骨上面至肩胛骨喙突）。

二、圓形動力（全身的同步旋轉）

1. **啟動與加速**（腳底磨勁）

◆ 足部內翻，腿部外旋：脛骨前肌、脛骨後肌。

◆ 足部外翻，腿部內旋：腓骨短肌、腓骨長肌。

2. **增加力距**（髖關節運動）

◆ 內旋大腿：縫匠肌。

◆ 內旋小腿：膕肌。

◆ 外旋大腿：髂腰肌、臀大肌、梨狀肌、閉孔內肌、閉孔外肌、股方肌。

◆ 稍外旋大腿：恥骨肌、股薄肌、長收肌、短收肌、大收肌。

3. **手臂的纏絲**（動力仍以腳底磨勁啟動和加速，以髖關節扭轉來擴大能量）

以右臂和左腿為例：

◆ 右臂內收時（不論順逆），左腿外旋。

◆ 右臂外展時（不論順逆），左腿內旋。

以右臂和右腿為例：

◆ 右臂內收時（不論順逆），右腿內旋。

◆ 右臂外展時（不論順逆），右腿外旋。

太極力學是透過實踐來體會的。儘管今日大部分的太極武者不知道其中真正的動力來源，但透過精妙設計的訓練體系，經由大師們的教誨，仍可調教出一流的太極高手；未能入門習藝的，只好自我揣摩。

智慧高人一等的，或可頓悟其中訣竅；資質較差的，則把太極變成摔跤或體操般，失去其實質；也有因認知的錯誤，把太極拳過度玄化，使武道淪喪，令人感到遺憾。

太極內勁的基本分類

1. 纏絲勁和抽絲勁
2. 圓勁和直勁
3. 長勁和短勁
4. 拔根勁與沉勁
5. 凌空勁（心理勁）與接觸勁（物理勁）

陳氏纏絲勁
Reeling power of Chen family

陳氏太極拳是目前所有太極拳拳架的原始創作人，是以剛柔並濟和強烈的腰腿的扭力為特色，由於其用勁方法好像是鐘錶的發條般，先向一側拴緊，然後迅速的反向放鬆，來回運動，爆發力強，有如龍捲風般，因此被尊稱為纏絲勁。

纏絲勁可視為一種圓勁，因為它的動能主要來自大腿與小腿協調一致的內旋或外旋。由於它的速度快，且柔中有剛，因此需要強而有力的腿部和腳部的肌肉，肩臂部的快速擺動、肘擊，也需要堅實的肌肉為後盾。

放鬆肌肉為加速作準備，撞擊的一剎那收縮

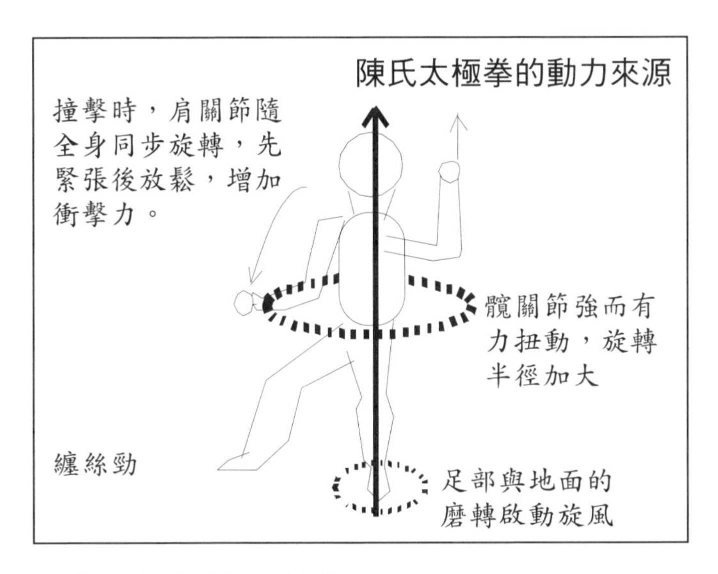

肌肉，達到致勝的目的。

纏絲勁的速度如要快，關鍵在於腳底的磨勁，即小腿肌肉快速促成足部的內翻或外翻，其反彈力加速啟動旋轉；纏絲勁要有威力，需要強而有力的髖關節活動，擴大來自地表的反彈旋力。

要有又快又具爆發力的陳氏拳架，一定要將重心放在一腳上，因為另一腳的重力伸入地面後，該側的膝關節和髖關節（或稱股關節the hip joint）受到該踝關節的牽扯，將失去應有的靈活度。只有將全部重力放到一腳，由一個軸承來旋轉以激發合而為一的能量，才能發揮陳氏太極拳的特色。

根據陳長興所著的《太極拳十大要論》，其中三節第三中指出：「……至於氣之發動，要從梢節（足）起，中節（膝）隨根節（跨，髖關節）催之而已。」此外，以陳鑫在《陳氏太極圖說》中「掩手紅捶」的動作，指出右腳應奮力向地表踩下去，猶如踩重物般。

以上說明，陳氏太極拳的動能，均以腳部下踩的壓縮力，造成的地表的反彈力為來源，符合太極力學的原理，其內勁的訓練可從拳架中獲取，尤其是與陳長興、杜育萬有淵源的流派，因為他們二人的太極十三勢均師承蔣發。雖然陳氏太極中並無太極十三勢，但其拳架立論，多少可窺見太極的力學，如有出現差異，恐怕是個人體認上的偏差，或師資的良莠不齊所致。

目前陳氏太極也出現只供健身，不講內勁的版本。因武術並非其發展目標，即使無太極力學的基礎，也不以為怪。

楊氏的抽絲勁
Spinning power of Yang family

楊氏太極拳基本上承襲了陳氏太極拳的架

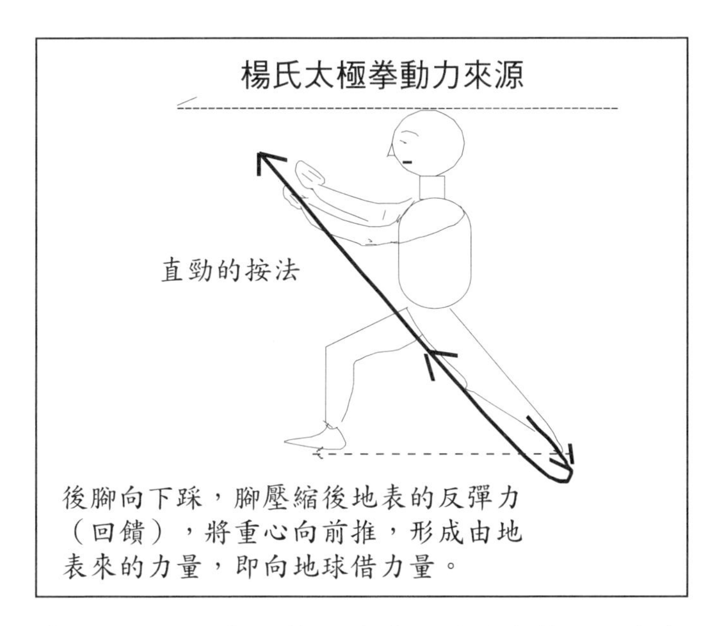

構，只是在動作上將原來陳氏武功中的圓形動力大幅刪減，突顯了太極拳的直線內勁。因主要動力來自小腿的先屈後伸，將全部體重集中於一腳，藉地表反彈的力量轉移重心，一前一後，一來一往，力量集中，沒有分力，動則將人連根拔起，故稱為抽絲勁。

假設將體重放到後方的左腳上，當我們略屈左大腿，把全身重量放在該腳上時，全身的重力直接作用在整個腳底板下。此時對地表產生最大的壓縮力，如在身體高度不變的原則下，欲伸直左大腿，由地表回饋的反彈力，勢必將身體往上頂，會使身體站立起來。為了不讓身體浮升，只好將這股巨大的反彈力，藉重心的往前面右腳方向移動，將來自地球的超級能量往前往上發洩，就像火箭發射般，這就是為何太極內勁可以將人連根拔起的原因。

這樣精妙的物理力學，即使有物理博士的學位，也不見得想得通，其中蘊藏的智慧是多麼令人敬佩！

不過這種高超的力學，從外表上看，跟一般的身體移動並無兩樣，因此只憑一個人拳架標不標準，漂不漂亮，就評定太極拳的好壞，是很不適當的，且容易誤導大眾對太極拳的認知。

楊氏與陳氏太極不同之處是，陳氏仍保留其內勁的實質於拳架，楊氏則在幾經修改後，已成為鬆柔為主，健身為目的。欲學得楊氏的抽絲勁，必須經過師父的特別首肯，施以拳架以外的許多訓練，才能練出高超的內勁。

鄭曼青的拔根勁
The uprooting power

拔根，事實上就是上述的直線或抽絲動力。拔根之所以被特別提出，或許是肯定了鄭大師對太極力學的貢獻與成就。鄭曼青的太極拳得自楊澄甫的教導，由於他對醫學和物理的認識，用文字分析了太極拳的力學與哲學觀，他並提出了「陸地游泳」，對如何感受大氣的存在，提供最佳的方法；「接地之力」的構想則間接說明了太極拳利用重力壓縮與地表反彈的原理。

這種深切的體會，使他設計出許多精緻的訓練方法，使讓人連根拔起的內勁更容易練得，或許這是拔根勁的由來。

鄭曼青太極拳共三十七式，對前述直線和圓形的兩種動力，均有嚴格的要求，故學習起來較慢，但可直接從拳架中獲得內勁的基礎。

沉　勁
Sinking power

沉勁是從直線動力中發展出的附加藝術。其能量來源是將重心放在前腳（假設是右腳），屈右大腿，使體重平均放到整個腳板，然後使勁兒將右腳往下踩，做伸直的動作，造成地表最大的回饋。此巨大的地球反彈力往上衝，勢將身體往上升浮，此時要保持身體的高度，則只好將這股能量藉重心的往後移，而將能量往後帶。如果此

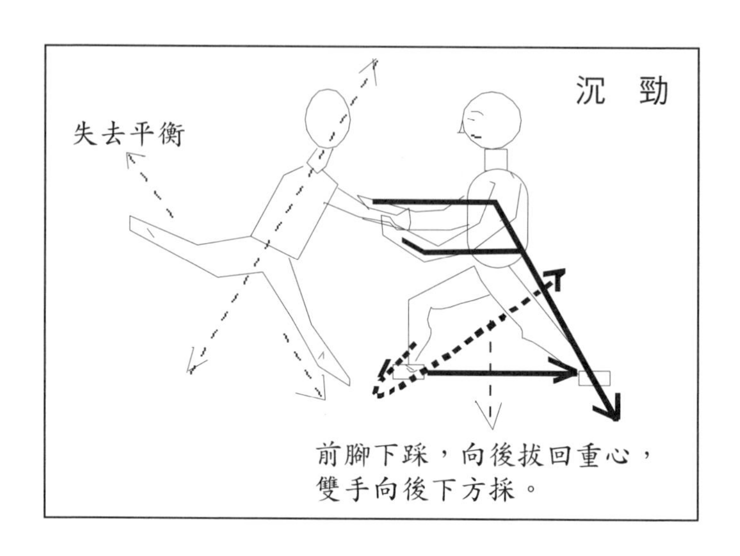

時正逢敵人衝向我方，可控制住其肘和腕關節，利用來自地表的反彈力，移動身體向後的最後階段，將重心往後下方略沉，此一地球能量即可猛然將對方連根拔起，稱之沉勁。

同樣的直線動力向前時，當對手姿勢和重心很低時，也可將對方身體往後往下按，令敵手的體重透過其小腿向下壓縮而自地表反彈，便可使其重心浮升，以便趁虛而入，將他連根拔起。這就是武禹襄在他的《十三勢說略》中所說的「如意要向上，即寓下意。若將物掀起，而加以挫之之力。」

直勁與圓勁
Straight power and round power

大部分的太極拳架動作，事實上都整合了若

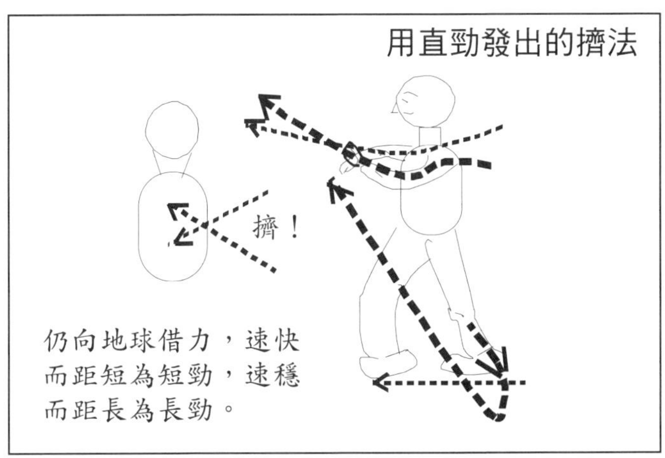

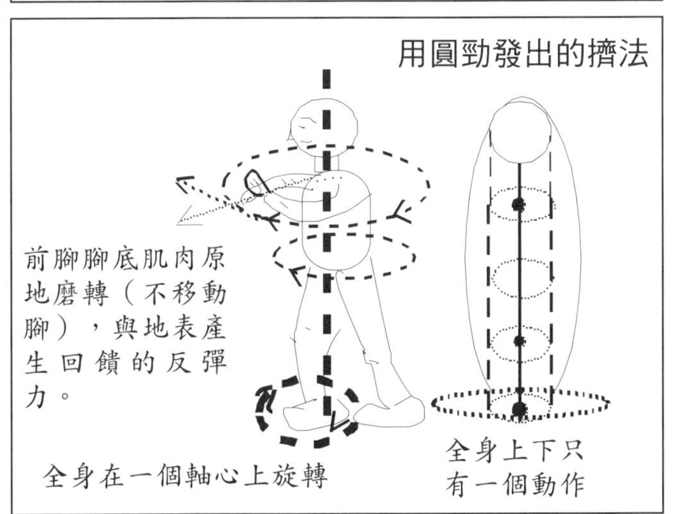

干的直勁和圓勁，以掤勁為例，利用後腳下踩，以地表反彈力將重心往前移，這是直勁；重心移到前腳後，磨轉腳底，利用地表回饋使全身轉動，做出掤的動作，這是圓勁。

有關太極拳直線與圓形動力的原理，至此應該有基本上的概念了，現在讓我們用實例再次說明其運用。如下圖，同樣是擠勁，可以在近距離時使用圓勁，而在有足夠空間可以轉移重心的情形下，使用直勁。

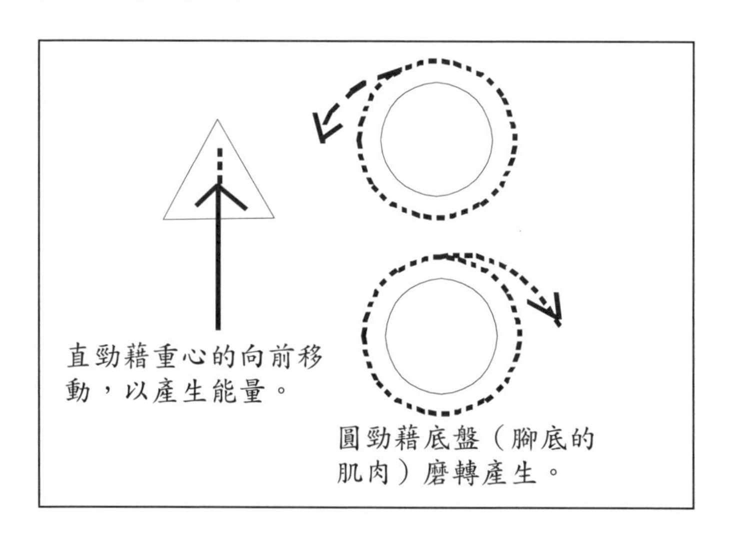

一、直勁與擠法

擠法是太極拳最高明的一種力學原理，在時

間緊迫下，只須將雙掌相疊，以一手的手背貼住敵人胸口，另一手掌疊在該手掌上，用後腳壓縮與地表的反彈力，藉重心的轉移將能量往前送，同時由脊柱兩旁送氣（發動整個上背的肌肉群），經兩側肩臂（固定住肩臂關節）、兩肘、兩腕順序發勁，一加一等於二，使兩分力合一，將來自地球的能量經肩臂（如竹竿般撐出）發出，往往可將對方震飛數尺之外（長勁），或震壞其心臟（短勁）。

二、圓勁與擠法

當敵我位置太接近，無法有效運用手臂，也無法抽身之際，可用擠法，雙掌相疊，就地運用重心所在的前腳小腿使勁，使足背快速內翻或外翻式的原地磨轉，利用地表回饋快速旋轉全身；同時配合大腿肌肉的內旋或外旋，以及髖關節的靈活性，加大旋轉的角度與速率，猛然擠壓敵人胸口，出奇制勝。

這種勁法從外表上看，好似只有舉手之勞，沒有上臂的大動作，故也被尊為「寸勁」。傷者往往外表皮肌無損，其實內臟已因猛烈的震動而受損。

長勁與短勁
Long power and short power

長勁與短勁是以勁力的力距與目的為著眼。長勁的力距通常超過受力者的重心線，其目的在於移動該物體（敵人），讓他飛跌出去；短勁的力距不超出受力者的重心線，其目的是摧毀物體的內部構造，更具殺傷力。

舉例來說，放一個銅幣在拳頭的虎口上，若我們整個將該拳頭連銅幣推出，則銅幣向前飛出；若我們只是快速輕震拳頭一下，則銅幣就原地掉落。

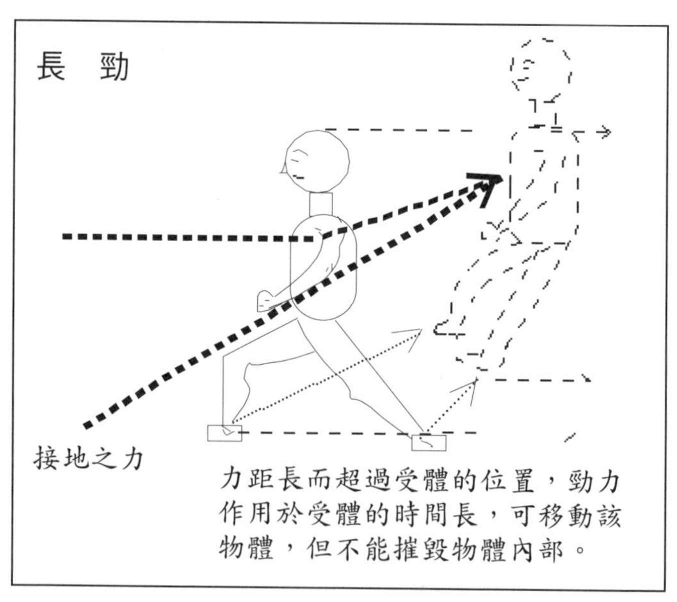

短勁因出手要傷人，實用性反而不高。各家太極中以陳氏太極用得最廣泛，可從拳架中學到許多短勁的運用。楊氏太極則在拳架之外，另有練習，但以長勁的發人至數尺之外見長。

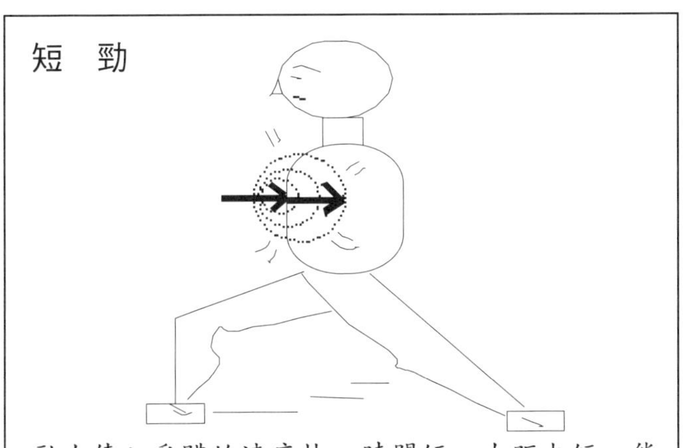

勁力傳入受體的速度快，時間短、力距也短，能夠摧毀受體的內部，但不移動其位置。若速度加能量大過受體所能承受的，仍可震倒物體，如地震般，唯移動距離比長勁短許多。

凌空勁
Power Through-the-air

凌空勁是太極拳中最具神秘色彩、也最受爭議的部分，其特點是，不需要接觸對手，即可發人於數尺之外。

以科學的眼光，不接觸人卻又能讓人跌出去，根本是不可能的，但相信很多人都親眼目睹過，不得不信。事實上，凌空勁的動力並非物理性的，而心理的震撼力則扮演重要的角色。

訪問幾位據稱可以隔空發勁的氣功師和太極師傅，一位氣功師可以隔空指揮，讓病人看他手勢做動作，要轉就轉，要跪就跪，但他卻無法讓初見面的人，也照常聽令行事。他表示在任督兩脈位打通前，無法讓我受控於他的手勢指揮，必須先接受其「治療」才行。另一位太極大師的弟子，述說其師傅的凌空勁如何厲害，但承認這種勁力只對師門內的弟子有效。

在我的看法，前者類似於中國式的催眠術，能否被催眠、指揮，與氣功治病的效果並不能劃上等號；後者則肇因於「受傷恐懼症」（injury phobia），主要是學生沒有根，無法化解勁力，且老師的內勁太大，只要被嚴重地摔飛幾次，就會產生恐懼心理，就像「恐物症」般，心理的期待造成先期的過度反應，久而久之，這種期待成為一種默契，在學生的內心世界裡，這不是假的；但對尚未被摔怕的人，或練有根的武者，缺乏了這份恐懼與期待，自然無法適用於外人。

接收凌空勁
Taking over the power-through-the-air

對氣功運作中產生的亂跳、亂滾、亂叫的情形，與治病是扯不上關係的，因為會出現這些現象的僅屬於特定的人士，他們很容易接受暗示和催眠，也很容易陷入自我的催眠，這種現象甚至可設計來接收。至於太極拳，如果你本身已經是太極內勁的大師，就較容易接收此凌空勁，接受者一定要表現出十分的信心，讓人一看就認同為國際級的大師。

首先，請一位你認識，也很有說服力的人介紹你，稱你是國際聞名的大師，甚至可先讓他接受你的凌空勁，裝成像真的一樣，當這些特定人士相信你「真的」很有神力或神氣之後，你也可以輕易讓他們亂跳、亂滾，這時就可證明「心靈即力量」的說法了。不過，惡作劇後，你可能必須腳底抹油……溜！

胯與髖關節
The hip joint

在太極拳的學習過程中，經常可以聽到「坐胯」的術語。「胯」是指髖關節，由髂股韌帶、恥股韌帶、坐股韌帶等，連接髂前下棘和股骨的大轉子（Greater Trochanter）和小轉子（Lesser trochanter），將髖骨與股骨緊密地連接在一起。髖骨（Hip bone）是由髂骨、坐骨、恥骨結合而成的，髖骨外側有空碗狀的髖臼（Acetabulum）。髖關節即是由髖臼和股骨頭構成的，腔內由股骨頭韌帶將兩者連結起來，關節囊內有滑膜和黏稠的滑液，使關節能負擔屈、伸、展、收和旋轉的工作。

「坐胯」的意義有：

1. 放鬆大腿的四頭肌群、屈大腿，使髖關節獲得充分的靈活度。
2. 過度彎曲膝蓋（不超出與趾尖的垂直連線），使體重平均落在腳底板的肌肉上，取代直立時的踝關節。
3. 屈小腿，使小腿肌群處於緊張的狀態，以蓄勁待發。

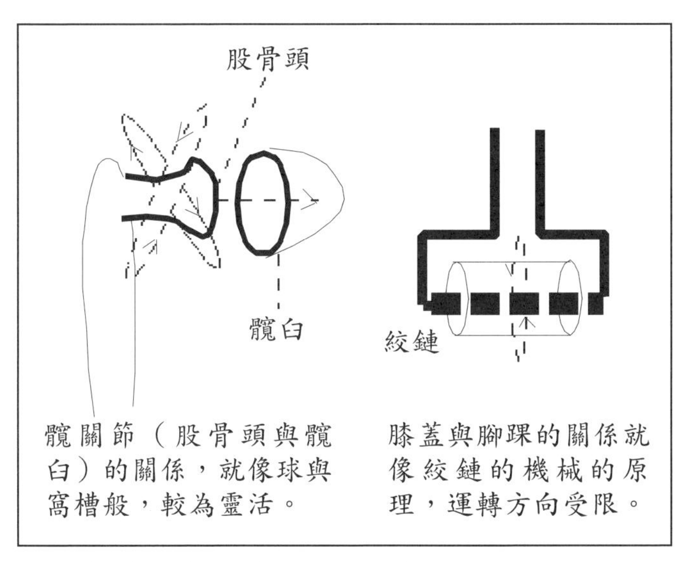

髖關節（股骨頭與髖臼）的關係，就像球與窩槽般，較為靈活。

膝蓋與腳踝的關係就像絞鏈的機械的原理，運轉方向受限。

主控「胯」的骨四頭肌群（Quadriceps group）包括：股直肌（Rectus femoris）、股外肌（Vastus lateralis）、股間肌（Vastus intermedius）和股內肌（Vastus medialis）。它們一起負責膝蓋的伸直。

股直肌是大腿唯一跨越髖關節和膝關節的肌肉，從髂前下棘（Inferiror iliac spine）後面起向下插入膝蓋中，它的工作是負責在膝蓋伸直小腿，在髖關節彎曲大腿。當股直肌收縮時，膝蓋就伸直，因此可伸出小腿；當股直肌鬆弛時，小腿屈而膝蓋彎。將股直肌放鬆，可讓髖關節獲得更多的靈活度，這是坐胯的理由之一。

三　尖
The three tips

三尖是發勁、蓄勁和走化時，檢查自己重心是否超出極限的概略標準，分「前三尖」和「後三尖」。

前三尖是指：鼻尖、前腳膝尖、前腳趾尖，即當我們發勁攻擊對手時，膝蓋不能超出趾尖，超出則重心線落於腳前，敵人用手一拉，我們就會失去平衡而失敗；若鼻尖超出趾尖和膝蓋的垂直連線，表示頸椎已前傾太多，一樣容易失去平衡。平常在拳架裡，我們就必須隨時注意到這三尖是否對齊，養成良好的習慣。

後三尖是指：後腳踵尖、骶骨尖、枕骨尖，這是重心後坐時的極限。在我們屈膝後坐，重心擺在後腳，蓄勁待發時，或當我們閃避攻擊，向後走化之際，如果屁股的尾骶骨尖超出了後腳踵尖時，重心即落於後腳之後，對手只要加把勁兒，將我們往後推，我們可能就應聲而倒。同樣的，重心移到後腳時，若枕骨尖（後頭部中央突出的骨頭）超出了骶骨尖與踵尖的連線，則表示頸椎已經向後彎曲，上半身的肌肉會變得僵硬，且處於失衡的危機中。

太極拳、合氣道與柔道
Between Tai-chi, Aikido and Judo

由上述分析，我們可以知道太極拳的力學是多麼精致。與合氣道相較之下，兩者或許在運用上有許多類似的地方，例如：踩、挒、擺等，但在力學基礎上，太極拳要細緻很多。合氣道基本上是以身法、步法、擒拿為主；太極拳的發勁則蘊藏了巨大的爆發力，若能在勁力、技巧、體能和紀律各方面下苦功，由政府視為珍寶般地發展，改良社會風氣，淨化人心，更能以此爭取更多的國際友誼。

柔道雖柔，其立論在尋求人體重心上的支點，將人摔倒，基本上要背負另一個人一部分或全部的重量，因此脊椎錯位引起的腰背酸痛和各種傷害，屢見不鮮。與要求脊柱正直的太極拳相較，練太極拳鮮有發生脊椎問題，反而有很多因其他運動傷害者，改習太極拳療病。

我們知道脊椎的排列與健康息息相關。太極拳對脊椎問題有很大幫助，這是公認的，更因其習練方式講求鬆柔，老而彌堅，這是太極拳值得傲人之處。

注：肩關節是由肱骨頭和肩胛骨關節盂構成，關節腔內有二頭肌長頭腱通過，因此實際上包括肩胛與肩膀兩者。

WALKING AND MOVING

太極拳的步法與身法

行走中的內勁
WALKING

如果有人問，有沒有武術可以像武俠小說中的故事一樣，讓一個人關在房間裡，靜悄悄的，沒聽到任何動靜，若干時日之後，當他踏出房門，已然練就高乘的內勁，可以在他笑聲中輕觸下，把別人彈飛數尺之外？在你讀完本篇之後，自然會找出答案。

要學得太極拳真正的內勁，應先瞭解其力學，最基本也最重要的，首推直線的「走路」與圓形的「轉身」。這些都是日常生活中天天要做的「例行公事」，任何人都免不了，除非她（他）有病不能動。

那麼，要怎樣走路，怎樣轉身，才走得出內勁和轉得出旋風呢？答案正如太極大師鄭曼青所

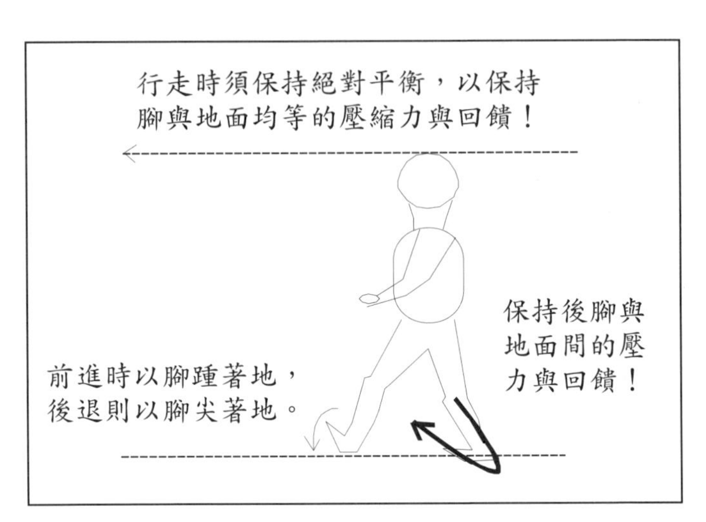

說的……「接地之力」！也就是說，讓自己的每個動作都能與地球表面產生回饋，向地球借能量來運作。

武禹襄在他的十三勢說略一文中，對太極拳的神秘力學有精闢的詮釋：『……**其根在腳，發於腿，主宰於腰，行於手指。由腳而腿、而腰，總須完整一氣，向前，退後，乃能得機得勢。**』

對於住在地球上的我們來說，無時無刻不受到地心引力的影響，否則就會像太空漫步般，走起路來輕飄飄的，那時候就算是日本相撲的重量級比賽，也只能慢動作似的，飄來飄去。換言之，任何武術的根都是在腳底下的地面上，所不同的是，它們怎樣利用力學原理，讓身體產生巨大的力量。

以直線的運動為例，如向前推按，或重心後坐，太極拳的內勁勢將整個腿和腳當成一個大型的活塞（Piston），以此活塞快速且有力地壓向地球表面。但因地表是硬的，就會相對地產生等量的回饋（反彈力），推動整個身體向前，就像火箭發射般。它的力距（Physical distance）最長，是從地面開始，所以說「**其根在腳，發於腿**」。

為什麼說「**主宰於腰**」呢？如果以現代醫學的眼光，這裡的「腰」，實際上指的是髖關節與大腿中控制腿部內旋和外旋運動的肌肉群，靠著它們的收縮與放鬆，整隻腿、腳形成一個有力的轉軸（axle）。只不過在這個圓形運動中，由小腿肌肉作用，使腳底與地面的磨轉，扮演著啟動與加速度的重要角色，就像一個磨子般，雖然腳的位置並未變動，實則暗地裡藉著整個軸承磨轉地表的回饋，產生了巨大的旋轉力，髖關節也幾乎同時同方向地轉動。這也是太極拳中圓形力學的基礎，再次突顯了「**其根在腳**」的原則。

在圓形的動作上，大腿與小腿肌肉的步調愈一致，則功率愈大。如果說腳底是一個小齒輪的話，髖關節是個大齒輪，是整個勁力至此，旋轉的半徑明顯加大，自然勁力大增。

太極拳是將全身重量放在一腳上，直線運動時，全身形同單一的活塞；圓形運動時，全身上下是單一的軸承。如果將全身當成一株大樹，則肩臂只是樹的分枝，隨著樹幹前進、後退。肩臂主要的任務是，保持它們的張力，與樹幹連接處，保持堅固的結合，當整株樹向外撐出去，或快速旋轉時，肩臂能有效地將來自樹根的能量，向橋樑般地傳導出去，表現到大樹枝的末端，但實際上大樹枝是不會動，也不會產生能量。鄭曼青大師強調：「**太極不動手，動手非太極。**」外行人自然是無法理解了。

一、直線的內勁

太極拳就是這麼妙，即使日常走路時都可以無聲無息地練內勁，難怪說它是內家上乘的武功。如下圖，在行走時最重要的是保持身體的平衡，不讓身體往上浮，其目的在保持腿與地表之間的壓縮力，使地面的反彈力推動整個身體向前。內家講求的是心法，同樣是走路，外表看起來儘管一樣，心裡想的卻是大不相同，腳底之下

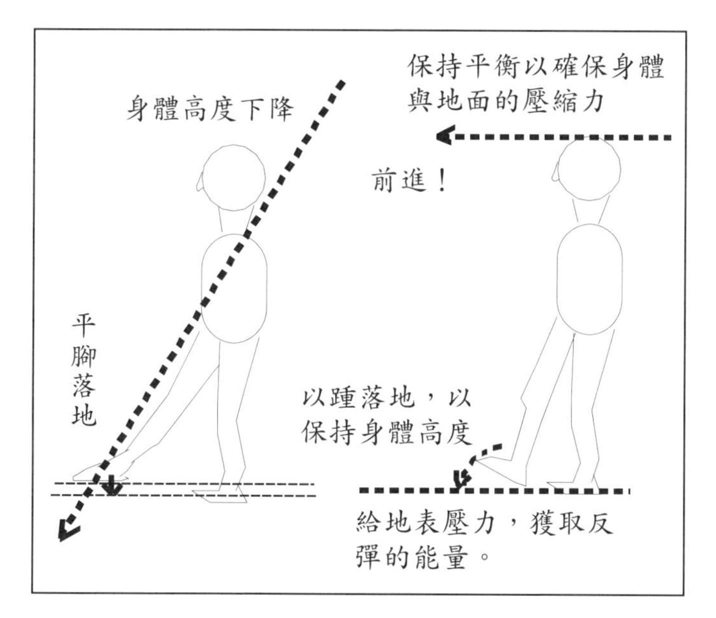

另有乾坤，其中的秘密也盡在一念之間，我們能不佩服太極發明人的智慧嗎？

二、以腳踵、腳尖或平足著地？

此外，在練習借地之力和轉身的步法上，為了讓身體在前腳著地時，保持一定的高度和平穩度，最好是以腳踵著地，因為突然的重心下降，不利於在一場戰鬥中保持應有的平衡。不過，以腳踵著地必須避免腳趾翹得太高，否則易遭對手鉤腳而失衡。相對的，前腳（假設是右腳）經過後腳（左腳）向後退步時，應以腳趾落地，以保

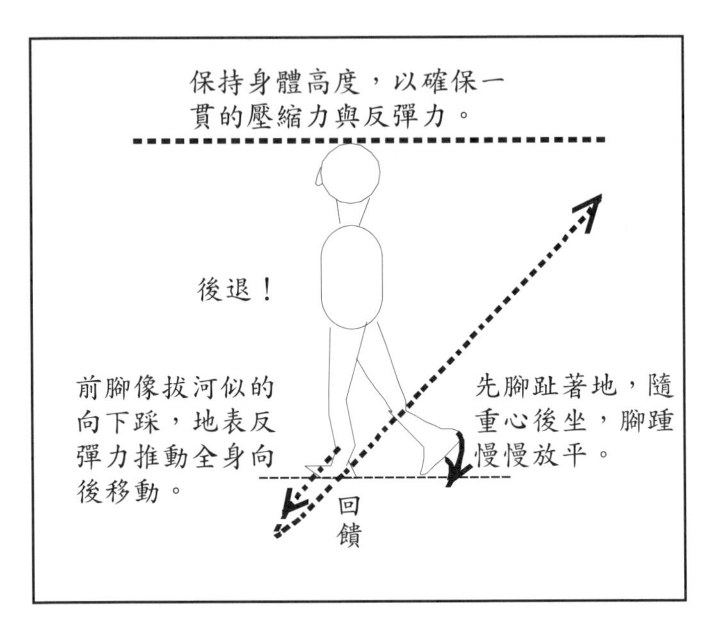

持身體的重心。

此時在前的左腳像拔河似地往下踩，把重心拔回在後的右腳，右腳板慢慢踏平。

以平腳落地適用於直線攻擊的場合，不論是按勁、掤勁、肘靠勁，在重力加速度的原則下，自然以滑步且平足落地為宜。雖然太極拳擁有最長的力距，更需要速度，以增強能量分成其道理與溜冰類似。同樣的，滑步向後，用踩勁時，仍以平足為宜，以速度換取能量。

同為內家的八卦掌、形意拳，均以平足著地，就像飛機著陸（Touchdown）般；前進的動力仍以後腳向下踩的反彈力，推動全身向前，其優點在於速度快而能量大。為避免因重心下降而失去平衡，所以八卦掌要求舉腳的高度必須儘可能靠近地面，就像拖著地上的泥巴走路，因此稱之「淌泥步」。

由於八卦掌是沿著圓圈走路，在後腳經過前腳跨出去時，身體須略轉方向，此時是靠內側腿腳的磨勁產生動力，類似太極的圓形動作。

形意拳也是平足著地，不過除了前腳滑步向前外，後腳也迅速跟上半步，如此可進一步增加的力距，故威力十足，而拳藝是否有成，則視乎訓練體系與老師對內勁的產生是否有深切的認識。這也是其他內家武功面臨的問題。

滑步在內家發勁上的意義有二：

1. 插入對手的襠下（兩腳之間），超越其重心線，加強拔根的效果。
2. 避免傾斜身體而影響平衡的方式，增加力距，使勁力大增。

注意，太極拳的基本姿勢要求「膝不過趾」，當膝蓋超出腳趾尖時，身體傾斜過度，即失去平衡，易為敵人所用。

三、躍　步

欲增加撞擊或推擊的能量，可採躍步，後腳底下踩後，前腳向前跳躍一大步，距離比滑步大，力距加長，但因距離超出大腿外展的極限，後腳在踩後，應利用地表反彈力跳躍，向前跟上半步，以保持身體的平穩。

雙腳離地不宜過高，以免影響身體的穩定。躍步可配合聲音來發勁，則勁力更大。

四、圓形的內勁

如果說直線的內勁如火箭，則圓形的內勁可視為龍捲風（twister）。如下圖，將全身重量放在一腳上時，基本上身體就成了一個運轉自如的旋轉台，整個基盤帶動檯上一切物件的同時轉動。當有需要往另一個方向轉動時（例如由面向右側欲改為面向左側），可利用目前承受體重的腳底（例如右腳）往下踩，利用地表的回饋將重心轉移到另一腳（例如左腳），亦即切換到另一個轉盤上。

略帶微笑可幫助放鬆自己，當重心移到另一腳時，吸氣；當切換好轉盤，形成另一個軸

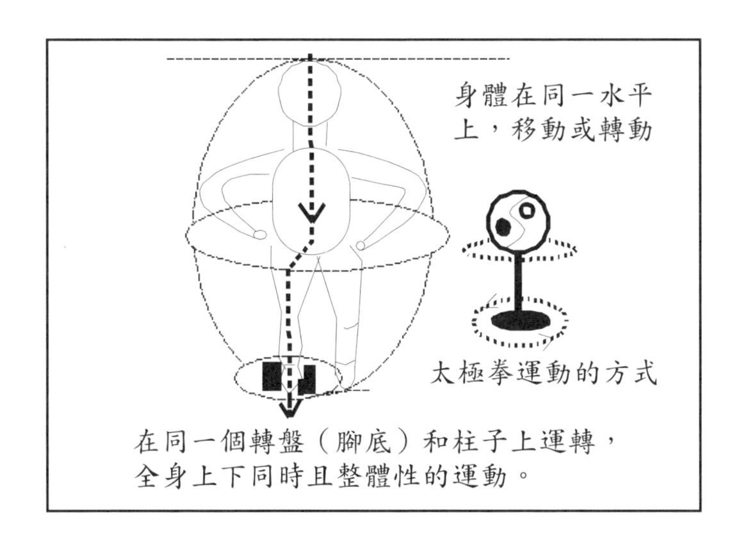

承後，呼氣，開始原地磨動左腳底，利用與地表的摩擦反彈，帶動全身向左。

與直線運動一樣，圓形運動時也應保持身體在同一高度上，使腳底與地面之間的壓縮和反彈力不會中斷。

移動身形時，應想像自己在水中游泳，並將兩手掌想成兩塊可以相吸的磁鐵，這樣可讓我們從手掌中感受到大氣的存在與血管的微循環，感受到氣的存在。

五、兩腳間的角度

重心放在前腳。當兩腳間的角度形成90度

時，大腿上緣後側和內側的肌肉群處於外旋緊張的狀態，我們只能讓軀體和臉朝45度的方向；如果強要面向正前方，則勢必過度牽拉大腿的上述肌群，使身體繃緊了。

此時，最好的解決之道是，輕輕將後腳尖提起，以後腳踵為軸，利用前腳原地磨勁的動力，讓身體的轉動來帶動後腳向前轉動，至與前腳成45度，則上述肌群的壓力解除，自然可讓身體和臉朝向正前方。

相對的，兩腳間為45度時，若將身軀朝45度方向，則必須由大腿縫匠肌和小腿膕肌內旋，加上小腿的脛骨前、後肌啟動足部原地不動的內

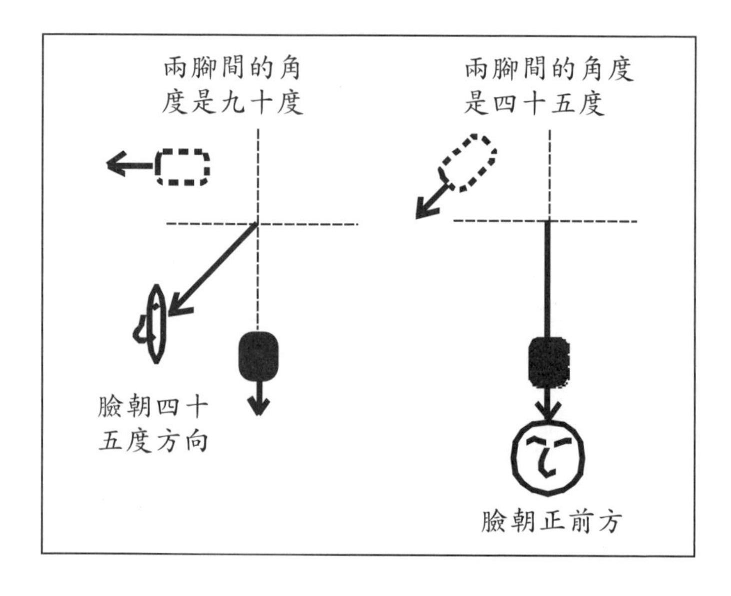

翻，而處於緊張狀態。如果突然將前腿外旋，放鬆已繃緊的原內旋肌群，強勁的扭力使身體猛然轉向正前方，可用在短距離的擠或掤勁的突襲上，這是很典型的圓勁運用。

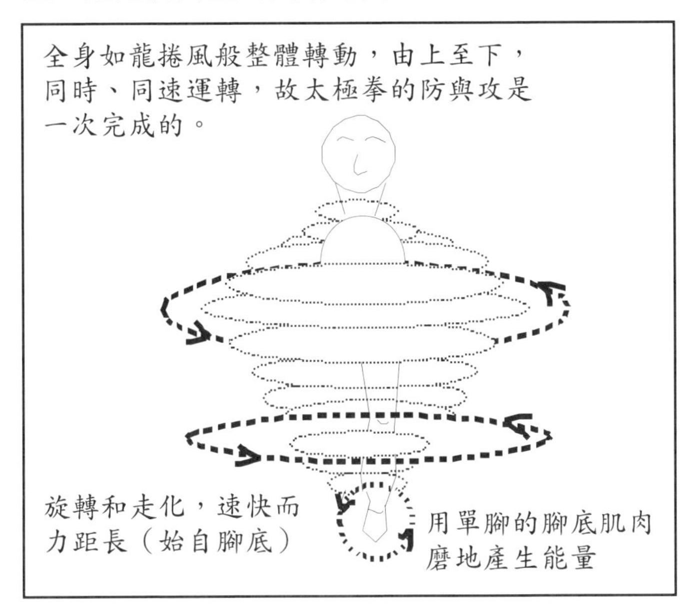

虛頭與輕重
Emptiness-fullness & Heaviness-lightness

太極拳中的虛實分清，代表必須把全身重量放在一腳上（實），另一腳即為虛的。照理說，虛和實應該是絕對名詞，是%與100%表現，也稱之「單重」。然而，這種絕對值卻被不少人誤解為輕重，而出現諸如：百分之三十虛、百分之七十實的說法，這是因太極的力學十分深妙，不易窺見其中奧秘所致。

事實上，許多武術都以體重三七分為力學基礎，則太極與其他武術又有何不同？

太極力學的最大特色，就在於讓身體的重力百分之百地集中，百分之百引起地表的回饋，一斤一兩的重量都不浪費。在一個軸承的原則下，才能轉動自如，四兩撥千斤；在地表反彈力沒有分力的情形下，像火箭般地上衝，方可將人拔根，飛出丈外，這才是太極內勁。

在開始學拳架以前，另一個必備條件是，懂得如何轉動身體的方向。也就是說，當我們要轉動身體向左右移動時，必須分清雙腳的虛實，當實腳如轉盤般轉動時，虛腳儘可能不要對地面產生任何重力的反應，因此當實腳的轉盤轉動時，虛腳的膝關節和髖關節不受重力的牽扯。

通常的做法是，將虛腳的腳尖提起，只以其腳踵輕輕著地，一切動力以實腳為轉盤，自由地運轉；此時，虛腳就像大樹的枝節般，隨著整個身體（樹幹）旋轉。

太極動作的協調一致
The Coordination of movements

對不瞭解太極力學的人來說，太極拳外表上看來都是差不多，反正就是既慢且柔的一種運動。然而，對有心把太極內勁學好的人而言，充分理解太極的動力基礎，是開始學招勢前的必備要件，否則打出來的架勢，只稱得上「太極操」罷了。

現在就讓我們以實際的動作，比較一下根據太極力學和無此力學基礎的太極拳有何不同！

例：現在重心在右前腳，如要做一個「按」的動作，請問以下何者合乎太極動力學？

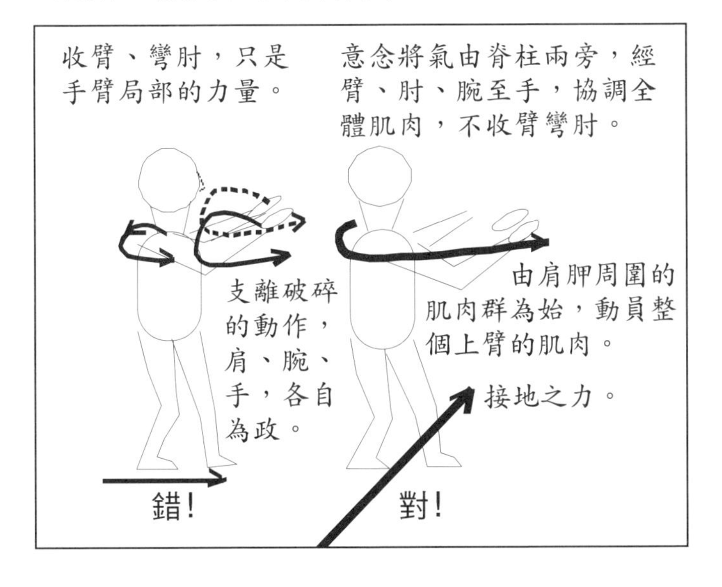

動作說明一：

1. 蓄勁：

重心移到後腳，同時將雙臂收回身旁。

2. 放勁：

重心向前移到前（右）腳，同時雙手向前推出。（錯）

動作說明二：

1. 蓄勁：

吸氣，想像氣充滿在脊柱的兩旁。兩肘保持為屈，雙臂不必收回身旁，只要確定肩膀不變僵硬，三角肌始終是鬆的即可。同時前右腳向下踩，利用地表的反彈力，將重心像拔河般地「拔」回後左腳。

重心移回時，應保持身體的高度，使前腳底與地表保持壓縮與回饋的力量。

2. 放勁：

吐氣！左後腳下踩，讓地表回饋的能量將你的重心推向前腳。呼氣的同時，想像氣由脊柱兩旁經肩、臂、肘、腕、手順序發出，兩肩微向前向內扣，以固定住肩關節。

移動重心時，應保持身體高度，使腳底與地表間的壓縮力均勻不斷。肘部保持「V」型下垂，肘部必須在大於90度，並避免因抬肩使三角肌變僵硬。

上例中動作說明二符合太極的力學，原因分析如下：

①重心的轉移，是以腳向下踩壓縮，利用地表的反彈力來推動身體的。

②手臂本身不動，跟著驅體前後移動，就像兩支竹竿放在火車頭前面，將人撐出去一般。肩膀微向前向內扣緊，就像將竹竿固定在火車頭的螺絲夾子。感覺是由脊柱兩旁發勁，兩側肩胛骨則像兩扇門向前關闔般，不用手臂「推」，而是「按」，實際動力仍來自腳底下。肩膀和肱骨（Humeri）的內收，主要是用大圓肌（Teres major）、小圓肌（Teres minor）、背闊肌（Latisimus dorsi）、胸大肌（Pectoralis major）、崗下肌（Infraspinatus）等；拉肩胛骨向前的則有胸小肌（Pectoralis minor，向前下）、前鋸肌（Serratus anterior）等。

③如果先收臂，再向前推，自地底下反彈的力量無法經過肩臂這座橋，直達敵人身上；手臂收而後推的是獨立的、另一個局部的力量，是錯誤的。

MODERN DYNAMICS OF T'AI CHI

太極拳的體用分析

本章是以太極十三勢為主，加上推手時常用到的基本技巧，從力學的觀點來分析其動力來源與應用，希望能釐清其中許多的疑點，有助於各個階層對太極拳的瞭解。

藉了解太極的通性，減少對過多招勢的倚賴，減輕學習者疲於拆招學樣的負擔，以真正體會太極藝術的實質。招勢不貴多，貴在通曉的力學運用，知而後行。

按法（Press）

太極拳的「按」不是「推」，因為在「按」的動作中，並沒有屈肘和伸肘的動作，而是配合後腳底向下踩，重心向前轉移的同時，由肩胛關節的肌肉群起至指關節止，視為一個關節，隨著身體重心的移動「撐」出去，而不是好幾個關節各做各的。

較早的推手原叫做「擖手」，見於陳鑫所著的《陳氏世傳太極拳》；楊家早期稱「推手」為「揉手」、「搭手」、「靠手」，反而目前的推手稱呼，有悖於太極的精神，似乎以「揉手」較合乎本意。

英文承襲了此項錯誤，將「按」翻譯成「push」，推手為「push hands」，造成學習者用手來「推」錯誤觀念，令人遺憾。應還其本來意義，改譯為「press」！

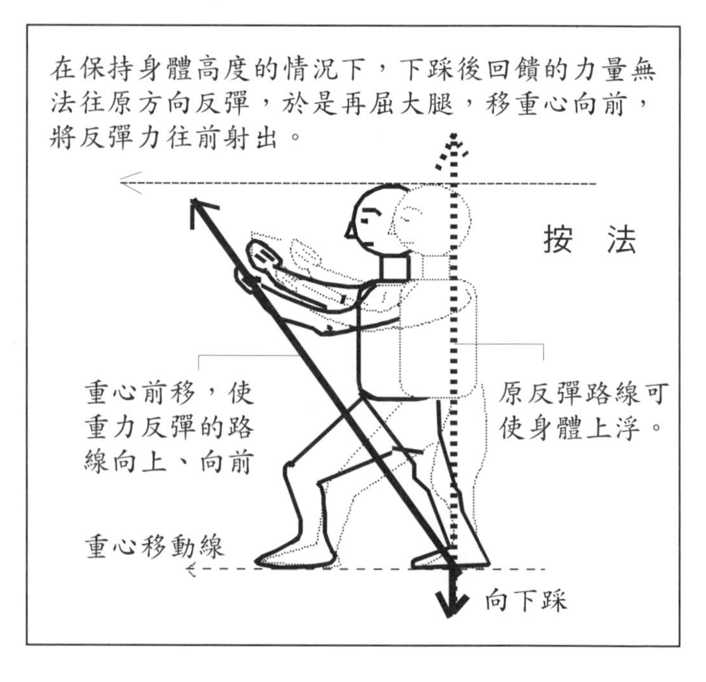

在練習按法時，學生首先遭遇的是，如何去除心中的「推」念，心裡很想知道這一「推」，能不能將對方「推」倒，無形中肘關節一伸，這「按」字訣，就走了樣了。心裡有了把人家推出去的慾望，反而推不出去。忘了手的存在，意念集中在腳底湧泉穴，全身重量都集中到後腳，此時用力伸大腿，在不欲讓重心浮起來的前提下，就讓重心往前移，肩關節自肩胛骨至指關節視同一個關節，力由脊（肩胛關節）發，自然產生自地底下冒出的拔根之力。

當重心坐到後腳，屈後大腿和後膝時（蓄勁），吸氣；當後腳底用力下踩，重心前移時，呼氣，假想氣由脊柱兩旁，經肩膀、肘部、腕部，直通指部，使運動神經同步運動「氣」（思想）所經過的肌肉。

完成完美的各肌肉群協調動作，這才是真正的太極「按」勁。這絕非只靠手就可以完成的精細動作，所以鄭曼青大師說：「**太極不動手，動手非太極。**」

注意在任何的情況下，肘關節的前、後角度，應保持在V字型。等於或小於90度時，則肘關節的作用基本上已消失，肩關節與手掌間的距離過短，形同用身體推出一般。相對的，肘關節也不可伸直，否則肩部三角肌（Deltoid）、岡上肌（Supraspinatus）、肱三頭肌（Ticeps）等變僵，肩膀即失去其靈活性。

在重心後坐時，目光透過鼻尖，監視身前敵人可能的任何暗動作；按出去時，目光焦點應穿過對方身體，由視神經提目標資料給大腦，以便指揮運動神經，發動相關肌肉群，在目標一致的情況下，使肩關節自肩胛骨至指關節，像一枝箭般，朝同一方向射出。

「按」可為長勁或短勁。長勁可將人連根拔起，推飛數呎之外；短勁可用來震人心臟，也可作為引勁，短促的震動，使對方緊張而向前頂阻，此時可反向將對方往我後方丟出，即所謂「**有前即有後**」的誘敵戰略，也是日本柔道常用的手法之一。

當對方沉馬、重心極低時，我們可以用按的短勁向下震動其身，使其因重力的壓縮而身體彈起，我們就可趁機反向將對方往上拔根，所謂「**如要向上，即寓下意，若將物掀起，而加以挫之力，斯其根自斷，乃壞之速而無礙。**」

短勁的「按」也可用來聲東擊西。例如：用

左手震動敵身，使其上當向該側反應，我方即速用右手按之，所謂「**有左即有右**」。

擠法（Squeeze）

擠勁是專為近距離接觸戰設計的，英文原翻譯為「press」，因實際是「按」的意思，作者將「按」譯為「press」，因此改將「擠」譯為「squeeze」。

它可分圓勁和直勁，長勁和短勁兩組。圓勁是重心在前時，用前腳磨轉；直勁是重心在後腳，移轉重心向前；長勁可像「按」一般，將對

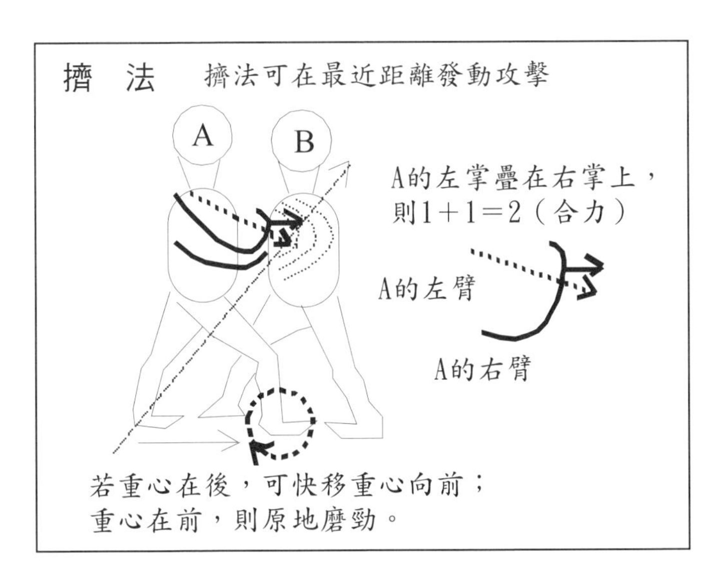

方擠到相當的距離外，也可拔其根；短勁其設計的動機可能是，當兩人所在位置太近，肘部無法保持V字型，上、下臂角度接近或小於90度時，不可能發動有效攻擊（除非用膝撞）。

此時，雙臂如往身體正中線方向斜伸，可以讓手臂伸至合理的屈度，兩掌上下重疊，呼氣，後腳短促一踩，同時肩關節帶動雙臂向前震動（仍是力由脊發），合雙側的分力，出奇不意地震傷對手內臟，如震在左胸，傷其心臟；震在心窩（胸骨柄末端），傷其肝臟。

當不小心雙腿被拉而仰倒時，對方可能乘勢坐到此人身上，企圖壓制其喉部，此時可雙掌相疊，以一腳腳底做有限的快速磨勁，髖關節快速扭動，由肩胛關節發動擠勁，出其不意，震其心窩；或配合上述圓勁，猛快地旋轉一側前臂和腕，用食指的指關節鑽透其肋骨間（肋間神經位於淺層，敏感地帶），儘速突圍。

擠法一般是以掌疊掌，在被履時，若不及以掌相疊，可依當時位置以掌疊前臂，甚至掌疊肘部，合肘法與擠法為一。

掤法（ward-off）

「掤」不是「格」，也不是「擋」而是將一個攻擊的方向引開（deflect）原來的方向，是一種四兩撥千斤的技巧。

手臂以弧形運動，由下往上，從對方發動攻擊的手旁邊輕觸，以分力將敵手帶偏，直到該攻擊向旁越過我方肩膀的外側；或在引進落空後，立即拿住對方的肘和腕關節，用擸、踩、挒等方式反攻。格擋的方式必須縮緊肌肉，撐住關節，頂住對方的力量，成為肌力的比賽，不合乎太極以柔克剛的精神。

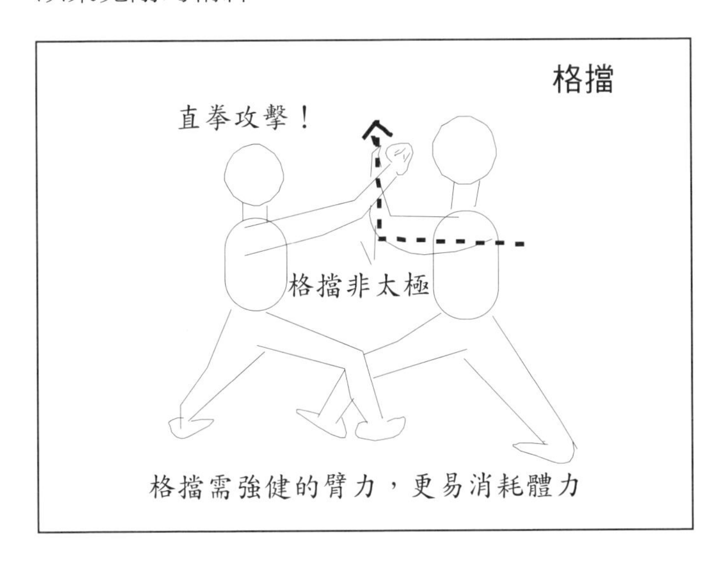

「掤」也可以用以取代「按」來發勁，適用於比「按」更近距離的攻擊。由於距離太短，手臂無法爭取有力角度「按」對方，遂採用「掤」，橫前臂於前，以整個前臂的背側發勁，接觸面積比「按」多出許多。

掤時以肩部肌肉不收縮變硬為原則。動力與「按」相同，用後腳底踩的地表反彈力。掤勁同樣可將人拔根飛出。

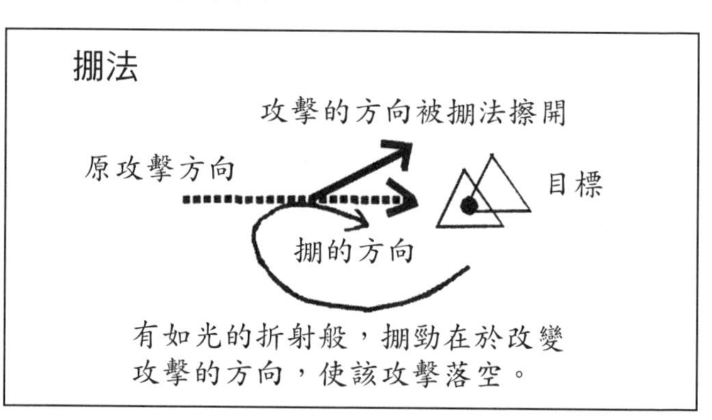

握法（roll-back）

「握」是直勁與圓勁的結合，通常緊接在「掤」之後。其動作是用雙手控制住對方肘關節和腕關節後，以前腳向下踩，像拔河似地將重心往後拔，使對方失去平衡；重心移至後腳後改用圓勁，以後腳底磨勁帶動身體外旋，像漩渦般，將對方往側邊摔出去。

「攌」與單純的「拉」不同，是以全身重力與地表回饋所得的動力。

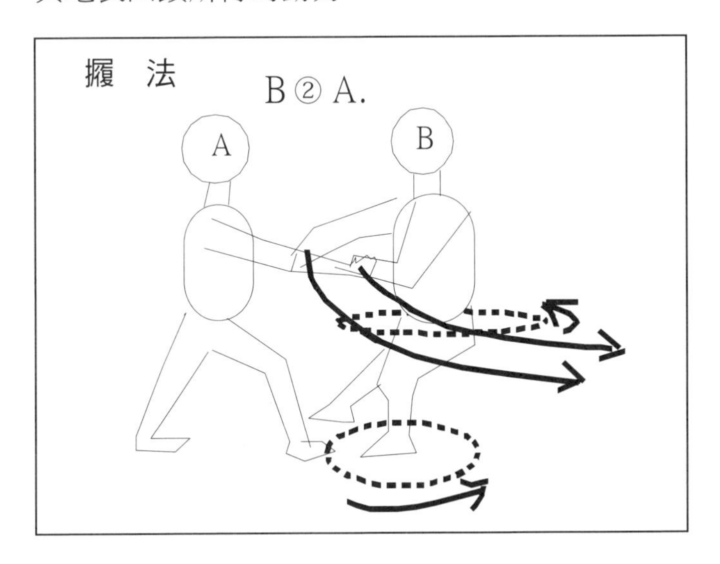

踩法（pull-down）

當攌配合步法和身法，以對方手臂（設右臂）的我方同側腳（設左腳）向外側踏出一步，再以我方的對側腳（設右腳），向側後方弧形撤步，以更長的力距重摔敵人時，就叫「踩」。

踩時一定要下定決心，一次踩到底，如三心

二意，踩了一半，很容易被敵方借勢以肘法或靠法反攻我方。

本法仍是直勁與圓勁的綜合運用，例如，右腳撤步後，以前面的左腳底向下踩，像拔河似地以全身重力，藉地表回饋將重心移回後面的右腳，並立刻用右腳底磨勁。對方因右臂被拿，自然隨著我方重心的轉移，快速向前跌出。

如果此時我們用右手橫臂，反方向往其臉部或喉部盪過去，就好像卡通影片中貓捉老鼠被整，追跑之間，老鼠順手扳了一大樹枝，反向彈回去，貓因煞車不及，整個身體被掛到樹枝上，必定災情慘重！

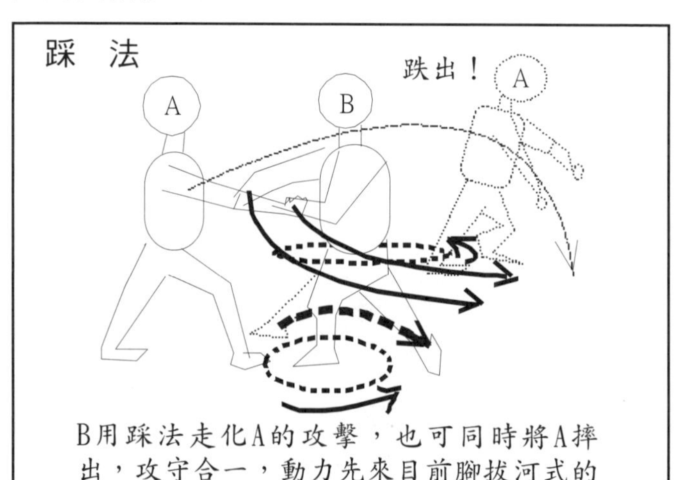

B用踩法走化A的攻擊，也可同時將A摔出，攻守合一，動力先來目前腳拔河式的向下踩，重心後移，再用後腳腳底磨勁。

踩之後也可以用撅法，即在對方失去平衡後，順勢下沉，以我們拿住敵人肘關節的尺骨，猛力將其肘關節往下壓，輕則使其因痛而趴地求饒，重則斷其肘關節，令其殘廢。

肘法與靠法

肘法常在我們被人擺或踩時使用，可以為直勁或圓勁。

在陳氏太極拳中，有許多既快又猛的肘法，尤其是其第二路的砲捶，以適合圓勁的橫肘為主，配合滑步、跟步，重心轉移後，以猛快的腳底磨

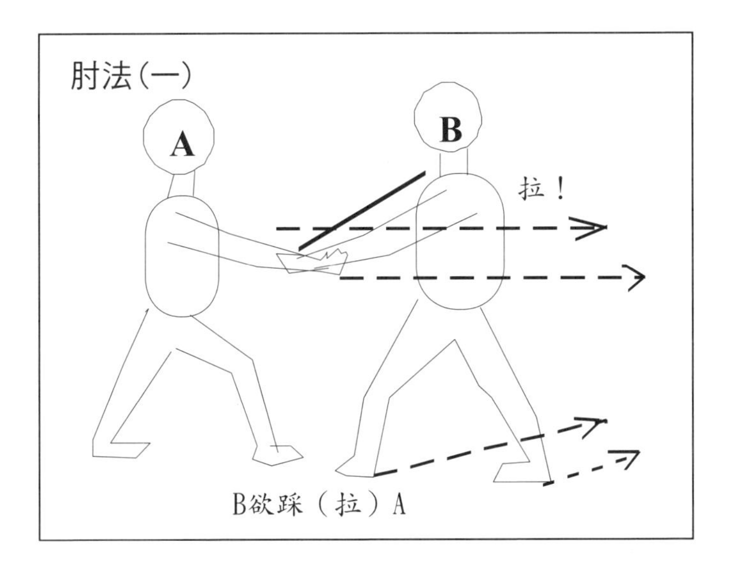

勁，配合髖關節擴大能量，撞擊力和殺傷力大。

楊式是以直肘為主，前臂向下彎曲，以直勁為主，兼具拔根與撞擊的效用，欲增加速率，則須圓勁的配合才會快。

直勁的肘擊多以側身方向進攻，以右肘側擊為例，其動力以左腳向下踩，右腳離地舉起，重心藉地表的反彈力移往右側，此時右腳儘可能伸過敵人兩腳間的重心所在（插腿入襠），右肘以左掌護住前臂尺骨（協助穩定和加速），先向體左略內收右前臂，再隨身體重心的快速轉移、右

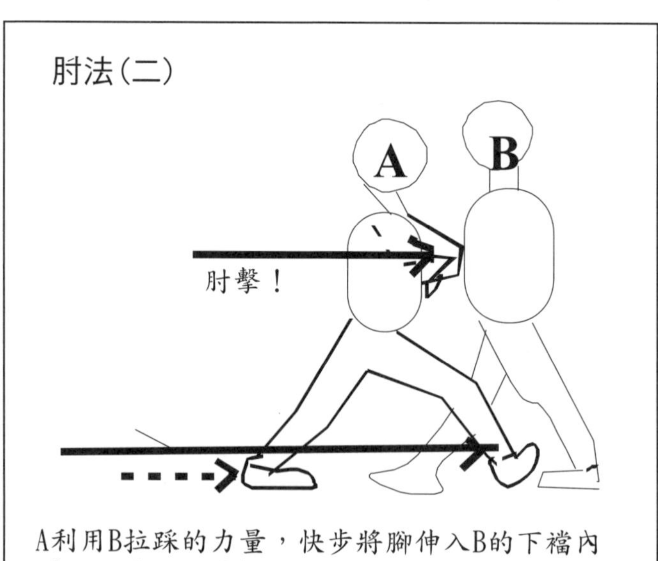

A利用B拉踩的力量，快步將腳伸入B的下襠內（超過其重心線），順勢以肘向B的腹部擊去。

腳的落地，快速且有力地擊向敵腹或心窩。

當與敵距離太近，無法使用直勁時，則以速度取代力距，改用圓勁，出其不意，以前腳磨勁，同時強力扭動髖關節，全身快速外旋，以肘部攻擊對方心窩或上腹部。

太極拳是一種直線變圓、圓變直線的藝術。直臂突然屈肘，即直線變圓，適合於己方腕、肘、臂部受控時的應變。此法必須配合重心的移後（前腳下踩拔回），再磨轉後腳與全身，使敵失衡，此時直線已在不知不覺中變成圓線，俟重心再度前移，即還以猛快的肘擊，有稱之為「摺疊手」。

這個技巧也應用於八卦掌，所請「一橫一豎，天下無敵」，指的並非把一隻手橫擺，一隻手打直，就能天下無敵，而是在力學原理的基礎上，強調直勁和圓勁之間的變化無邊。

取代肘擊，也可以用肩膀來攻擊，稱之為「靠」，使用時機仍以對方企圖拉或踩我們時，即借用對方拉的力量，趁勢快步將前腳插入敵人雙腳之間（入襠），以肩膀撞擊對方，稱之為「靠」

防狼應用

肘和靠也是婦女在外防狼的妙招。一般人突然被拉時，本能的反應是說：「No！」想盡辦法要拉回來。

試想，歹徒與自己同樣死拉著自己的手，又痛又費力。此時不妨用太極四兩撥千斤的方法，順勢「服從」地朝被拉的方向加速撞去，屈肘或用肩膀猛力撞他心窩，亦即利用對方拉你的力量去撞他自己，然後大叫救命，趕快開溜！這種戰略恰似英文的「give-and-take！」原意是「互讓」、「妥協」，照字面翻譯則是「先給後拿」、「失而得」，即凡事能先給而後得，如能放開得失之心，反而有所收穫。

走化（evading-and-neutralizing）

「走化」是太極拳「四兩撥千斤」的主要手段，「走」不是「掉頭就走，而代表重心的前後轉移，使對手掌握不到我們的重心，是直勁的運用；「化」是全身在一軸承上的轉動，利用離心力，使外力無法進入我身，是圓勁的表現。

太極拳中的「倒攆猴」和「雲手」都是鍛鍊走化的很好練習，位置的變換是直勁，必須靠一腳腳底的下踩，利用地表回饋的反彈力，來左右移動腳步和重心；運用重心所在的腳底磨勁，配合靈活的髖關節轉動，使全身在一個軸承（腳底）上轉動，其離心力使任何外力都很難附著到身上，而被折射到轉軸的兩旁。

換言之，當對手推我們時，我們暗中將重心往後移（走），他的目標就落空；如果我們用腳底磨勁和髖關節扭動的方式，使身體轉動起來，如轉速很快，有時可化中帶攻，既將對方攻擊的

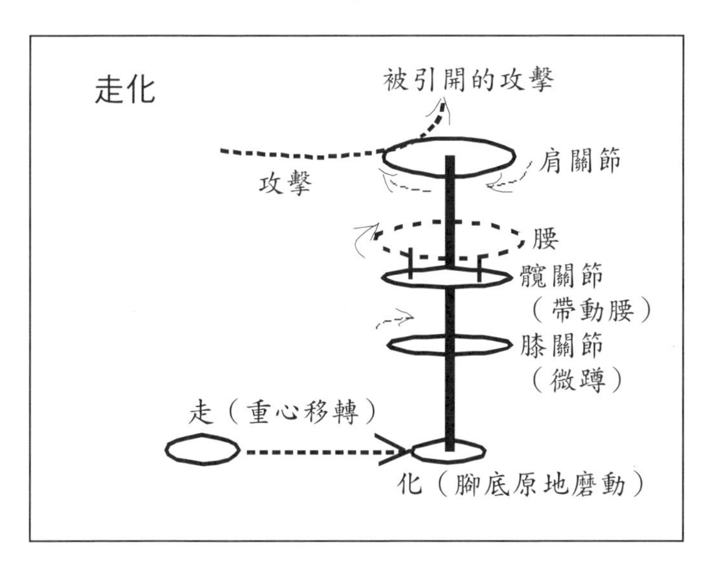

方向折開，也因分力的作用，使對方從我們的身旁飛跌出去！

沾黏勁（Sticking-and-adhering）

太極的沾黏勁並非用手死纏濫纏，而是以走化為基礎，仍以借地之力為其動力的來源。沾黏是練聽勁，敵不動，我也不動，敵動我也動，以雙手輕觸對方手臂的皮膚上，最好能控制其關節的位置，相對的也應避免對手控制我們的肘、腕關節，一方面移動重心，一方面轉動全身，雙手隨著全身的運動上下和內外翻動，不可停在一處不動，不讓其脫離我方雙手的沾黏，則對方將無法發動攻擊。

沾黏得好，則當對手突然發動攻擊時，我們可隨時制住其關節的屈伸，在走化的同時，更可利用全身轉動的離心力，使對方從身旁跌出去。

沾黏的另一目的是探測對方的死點，也有人稱之為「中心」，事實上，就是要找對方身上的接觸點，使我方勁力的方向經過這一點，與對方身體的重心線成一直線的位置。

換言之，如果我們發勁的方向、接觸點、對

方重心線之間，不能連成一條線的話，發出去的勁力將無法使對方失去平衡，而且很容易被走化；此時，對手也可利用其身體轉動的離心力，一舉將我們摔出大老遠。

因此，沾黏勁的訓練極為重要，平日可從雙人推手的遊戲中，盡力尋找對方死點（著力點），發勁才有意義。

沾黏成功的最大障礙就是恐懼，當我們緊張、恐懼時，肌肉自然緊張起來，就像木板一樣，不柔的東西是黏不住其他物體的。意拳要求學習者面敵時，應把自己想像成一巨人，充滿信心，自可放鬆心情與肌肉。

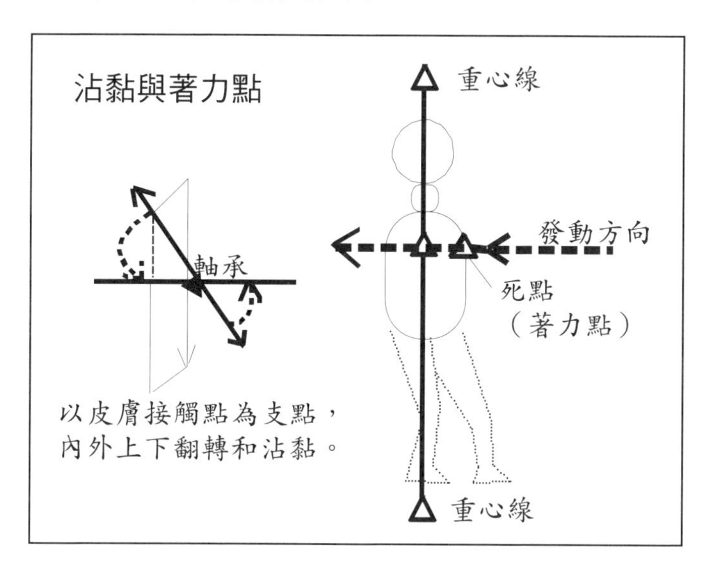

經常觀看拳擊賽的人就可體會，當一名選手想避免挨打，最好的方法就是把對方抱住、黏住，對手的肩膀無法做屈伸的動作，自然無法發動攻擊了。

引勁（Luring）

「引進落空」、「聲東擊西」、「兵不厭詐」等，都是在形容太極拳的引勁，其主要目的在引起對手的緊張、僵硬，或使其因過度反應而失去平衡。所以說：「凡此皆是意，不是外面。有上即有下，有前即有後，有左即有右。如意要向上，即寓下意，若將物掀起，而加以挫之之力，斯其根自斷，乃壞之速而無礙。」

如下圖，當我們想自左面攻擊時，可先用短促的圓勁加諸對方右側，這個勁力的力距很短，只是要讓對方緊張起來，並向同一側抵抗，俟其肌肉收縮變緊之際，我方迅速出其不意，改從其左側進攻，達到聲「右」擊「左」的效果。

又，對手張腿沉馬，重心很低時，不必急於拔他的根，我們可利用拍籃球的原理，用短促的直勁對其肩膀向下發力，對方受到重力壓縮反彈下，身體反被上彈，此時趁機發勁拔其根，即應聲飛出。

同理，當一個人使勁向前頂我們時，也可佯裝欲抓他向前，待他急欲向後抗拉時，突然反向發勁向前，令他根拔人飛。

如果想要將對手往後丟出去，可做勢向前推，誘其向前抗，此時突轉向以「抱虎歸山」的動作，將他往後丟出去。這個誘敵技巧經常可在柔道中看到，先向前震人，再急速往後我方後面拉，使其失去平衡後，立刻以過肩摔將對方摔得人仰馬翻。

引勁如何引進落空

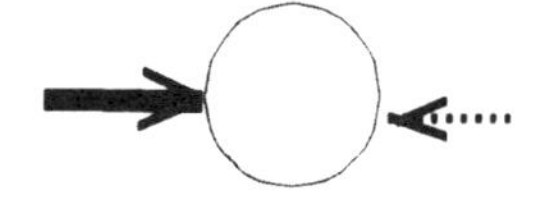

由右偽攻，實從左取

偽向下按，實向上拔

偽向後拉，實向前推

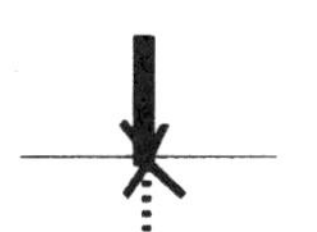

偽向上發，實向下按

偽攻與實攻方向可互換，偽攻須短而快，能引人緊張，肌肉變僵，或做出錯誤的反應動作，或因而失去平衡。

意拳有所謂「試聲」和「試力」，通常是指用聲音的震撼力和短促的震動，使對方變僵、以便發勁的方法。在柔道和摔角，也經常用短促的力道，暗示對方往某一方向，再從另一方向發動攻擊。

拿法（grappling）

拿法就是擒拿，先決條件是強韌的指力，否則指頭反容易受傷。通常在太極劍和札桿中的基礎訓練，都可提供指力良好鍛鍊，因為這些武器都需要強韌的手指肌肉和韌帶，才能保證既穩又靈活的表現。

在清代楊家傳抄老拳譜中的《太極膜脈筋穴解》：「膜若節之，血不周流。脈若拿之，氣難行走。筋若抓之，身無主地。穴若閉之，神昏氣暗。抓膜節之半死，申脈拿之似亡，單筋抓之勁斷，死穴閉之無生。」狹義的拿法是擒拿，以將關節過伸或過屈為主；廣義的太極拿法則包含了節膜、拿脈、抓筋和閉穴，基本上涵蓋了骨膜、血管、肌腱和淺表的神經等，不一而定，主要視被抓拿後的結果而定。

關節因被過伸、過屈，致骨折和動脈出血，可以致命；由比目魚肌和腓腸肌的肌腱組成的跟腱，橫跨頭頸間的胸鎖乳突肌，如受傷斷裂，會嚴重引起動作障礙。

死穴，主要分佈在腦部、主要臟器和大血管的位置。

◆ 在頭部有太陽穴、鼻骨等，重擊這兩穴後，頭骨內陷，傷及腦部，自無生路。後腦枕骨間的腦戶穴，重擊可傷及延髓。

◆ 在頸部，喉底的「天突穴」的深部是氣管，胸骨柄後是無名靜脈與主動脈弓；喉結兩旁人迎穴，深層是頸動脈竇，最深層是交感神經幹。

◆ 鎖骨上窩的「缺盆」穴，下有頸橫動脈，內有鎖骨下動脈，深層是肺尖，布有敏感的鎖骨上神經中支，不論是鎖骨被鉤拿骨折、神經受創，甚至肺部受損，亦可致命。

◆ 在上腹部的鳩尾（位於胸骨柄下緣），深部是肝臟。十一浮肋端下緣的章門穴在左側是脾臟下緣，右側是肝臟下緣。

◆ 陰部，男性下部的睾丸，是脆弱的一環；陰器旁股內側的「陰廉」穴附近，有旋股內側動脈，重擊下可引起內出血。

一般而言，人體肌肉較薄處，因神經位於淺表，也最敏感，一被抓拿或打擊，往往使人暫時失去動力，被視為點穴後的「氣血受阻」。

◆ 頭部的肌肉薄，但神經卻不少。在纏鬥時，用食指關節猛鑽，也有制敵效果。大腦是全身的總司令，任何撞擊都會令人喪失戰鬥力，精細的內功和排打有助頭骨的密度增加，但有其極限，須有良師指導，避免危險。

◆ 最典型的代表是肋骨間的位置。這裡的肋間神經分佈廣而淺，當雙方交兵之際，或被對方壓制在地上，可出其不意，用抓拿或食指關節猛鑽其任何一處肋骨間，可馬上令對方暫時失去戰力。肋骨內是人體重要器官所在，重力撞擊常造成內出血和死亡，此處肌肉可藉排打和內功增強。

◆ 手背掌骨間的位置，肌肉薄而神經淺，用拿、按、指鑽等，都是敏感制敵穴。肘與其前後肌肉次薄的地方，是橈神經的主要分佈區。橈側有曲池、手三里、五里等，肘尖的尺骨鷹嘴後上方凹陷中有「天井穴」，須稍具指力，在對方未及收縮肌肉保護該處神經前，運勁一拿，即使不知道穴位，一樣可制住對方。位於肘尖後的天井穴，在被壓制在地上時，尤其對方想掐住我方脖子時，是有效的救命穴。

◆ 腿部方面，腳背的蹠骨縫裡，膝蓋內側下緣「陰陵泉」穴（深層有脛神經），上緣內側肌隆起的「血海」穴（股神經肌支），如有指力拿時，都很夠刺激！

借 勁

借勁是除了我們本身從地球借力量外，更利用對方企圖攻擊我們時的力量與速度。太極是人不犯我、我不犯人的容忍藝術，對方用心愈狠、用力愈大時，我們可以用來反制他的力量也愈大，其原則是不要頂抗他，以走化的方式，利用離心力將他摔出去。

開合勁

開勁和合勁都是圓勁的表現。以手揮琵琶為例，當敵人揮右拳攻我，我即重心後坐，用右後腳底磨勁內旋，以左手控制對手的肘關節向內壓，以右手控制其腕關節固定，使其肘關節過伸，為「合勁」。在提手上勢中，左後腳底磨勁，雙手隨全身的內旋往上、略往外盪起，以右手挒開對手左拳，為「開勁」。

開合勁也可當作引勁，在雙方推手時，突然

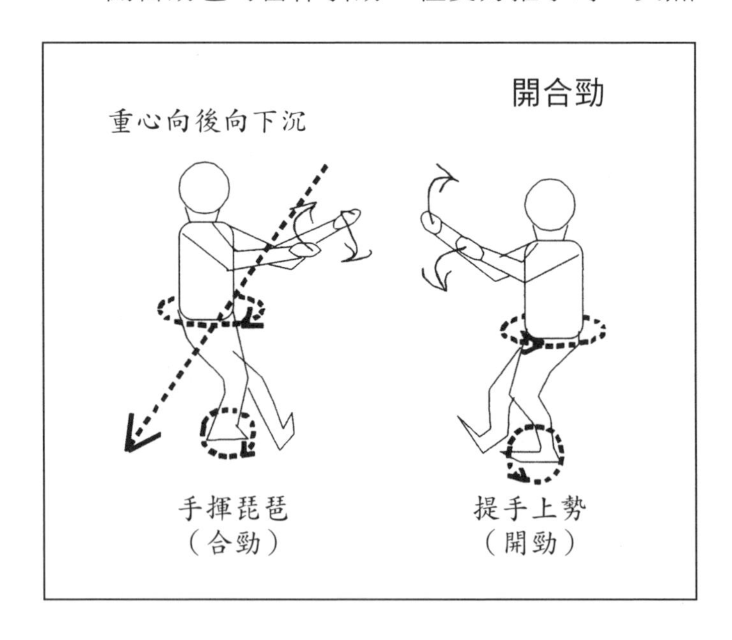

將對手的兩臂往內輕震，對方一緊張，向外頂時，立即往內切入，向前發勁。也可用開勁誘敵，俟對方往內頂時，雙手往外一翻，仍黏住其雙臂，趁勢攻擊。

截法（Intercepting）

截擊的動機有二：

1. 時間急迫，無法走化，只好從中攔截，破壞其攻勢。
2. 欲速戰速決，透過敏銳的觀察，在對方剛發動時，就立刻截斷其力，甚至以更多的勁力，反傷對手。所謂「彼不動，己不動，彼微動，己先動」。

技藝高超的武術家懂得觀察敵人下巴與兩肩之間的三角區，任何行動發動前，這個三角區會先動，俟對方屈肘和肌肉收縮之際，黏住或拿住其拳或前臂的一點，順著他肘、臂關節鎖死的方向反發勁；或在對方欲踢未踢之際，我即以腿截之，以更大勁力造成其傷害，也可立即上步進身，摟其膝，同時以按法將其飛出（長勁）或震傷（短勁）。

截勁的風險也相對較大，如功力不夠，時機錯誤，都可弄巧成拙，不宜輕用。

注：肩關節是由肱骨頭和肩胛骨關節盂構成。

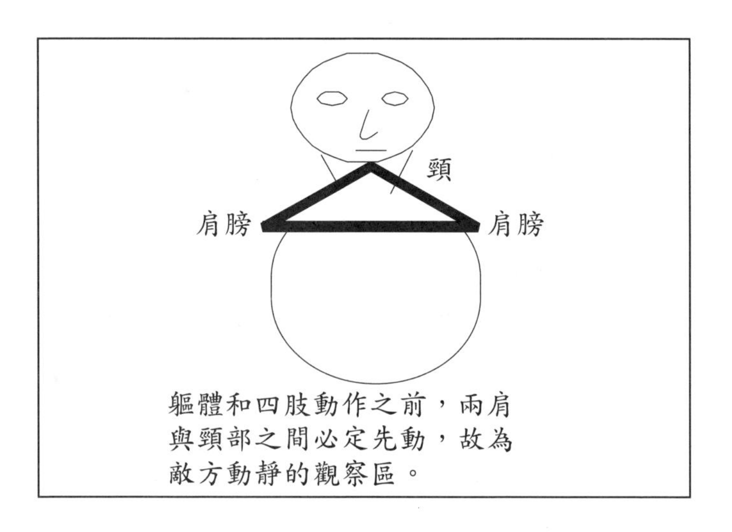

軀體和四肢動作之前，兩肩與頸部之間必定先動，故為敵方動靜的觀察區。

RELAXATION SPEEDS UP POWER

腿法與擊法的加速

太極拳的動作中，說「按」，而不說「推」；在楊家腿功練習中，有單練式的基本「踩腿」訓練，不說「踢腿」。為什麼說「按」和「踩」呢？主要原因在於這些動作中，肘和膝關節都沒有明顯的屈和伸的動作，而是以整個肩臂、整條腿為一個連桿，以肩關節和髖關節為曲軸，以地表的反彈力為能量，實際上不是「推」，也不是「踢」，否則太極拳力學的精神喪失，就與一般外家武功沒有兩樣了。

本文統一將踢與踩的動作稱為「腿法」，並以符合太極力學的踩腿為主要分析對象。

每當我們聽到踢腿與擊打時，首先想到的，不外是跆拳道、空手道、少林、拳擊等等，彷彿踢與擊法不是太極拳所應有的。究其原因，太極拳近年來多重健康路線，再不就是講得過於玄妙，忽略了許多基礎訓練，即使拳架裡有腿法和擊法，也只是做過就算，未花時間做深度的練習，實在很可惜。

振興太極拳的上乘力學，踩腿與擊法自不能免，一切仍從向地球借力量起。

雖然太極十三勢中並沒有踢的動作，融入拳架後的太極拳，有了各種不同的腿法；尤其以陳家武術中，包括了高、低、側、掃、旋、擺、跳躍等踢法，應有盡有。腿法除用來攻擊之外，也可攔截敵人的踢腿攻勢。那麼，怎樣的腿法，才符合太極的特色呢？那就是：借地之力、不搭手不發、踢不中不發。

換言之，太極的踩腿較保守，先找支撐點，再求發人，萬一失敗，也不會損失慘重。

直勁踩法

太極拳的向前踩腿，是以重心所在的大腿做前屈動作，並且以足背和足底的屈趾肌群做屈指的動作，使足底像鋪柏油後壓馬路般，向前快速壓縮前進，加速該大腿的前屈，身體向前蕩出去，另一隻虛腳得以迅速地蕩出去。

如下圖，A模式的虛腳就像鐘擺般地快速蕩

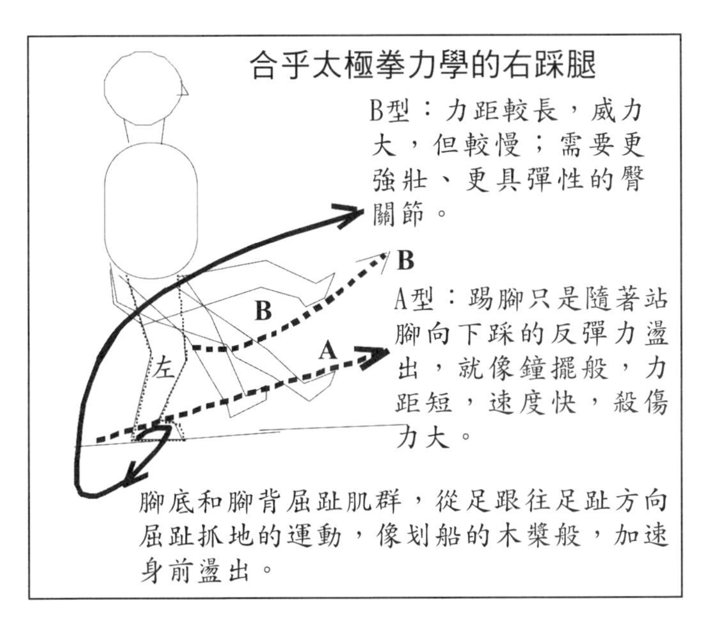

出，其優點在於：

1. 儘量減少用在屈大腿和屈膝上的時間，整腿以髖關節為軸，隨著地表重力的反彈與重心的滾動，快速蕩出去。
2. 伸小腿的動作在髖關節的鐘擺式助力下，快速盪出，而非單純的屈大腿、伸小腿。
3. 用地表的反彈力將全身蕩出，為全身重量反彈所得的能量。
4. 速度快，身體平穩，不易警覺到該腿法；實腿也不必提踵後旋動整個髖關節。

這種踩腿適合攻擊膝蓋和脛骨的低位置，相

對的命中率高，不論對方高矮，都可踩中。

直線的踩勁也可由後腳實腿來執行，方法是用在後的實腿向下踩勁，製造地表的反彈力，使身體像火箭般向前衝。此時重心移到前腳，後腳變虛腳隨身體快速向前盪出，此時盪出的腳中，蘊藏了全身重量的地表反彈能量，伸小腿動作藉重心的快速前移為動力，其勁力相對增加許多，原理就像冬季奧運的快速溜冰一般。

這種用後實腳啟動、發勁的方式，比原地「壓馬路」的方式的力距長，需時也略長。

圓勁腿法

太極的圓勁腿法仍以實腳原地磨轉為主，利用小腿肌肉快速讓足部內翻或外翻，與地表的回饋令全腿反向旋轉（內翻外旋，外翻內旋），加速髖關節轉動的速度，與一般舉踵轉身的方式相較，太極圓勁的速度快，但高度相對受限，因此仍以低踩的方法較適合太極發揮所長。

一、圓勁低側踩

以實腳腳底磨勁，全腿的旋轉可加速髖關節

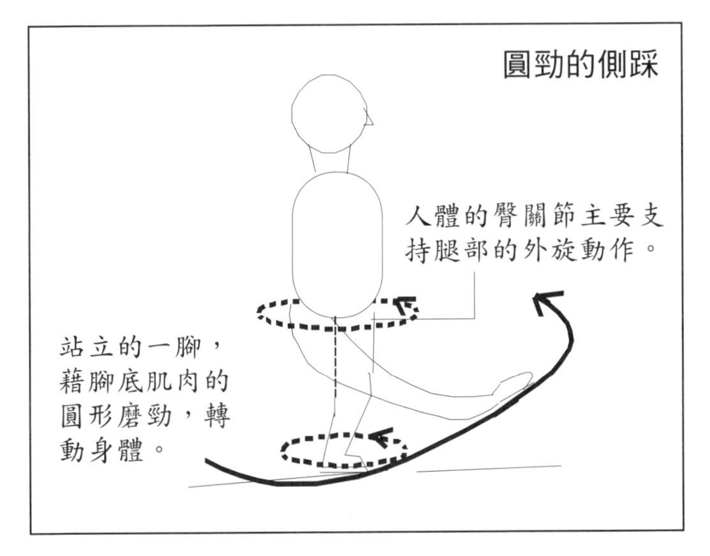

的轉動，颳起圓形的龍捲風，此時虛腳就像掛在旋風的邊緣，隨身體一起盪出快轉，蘊藏著全身重力與地表回饋的能量，橫掃而出，速度快，撞擊力大，不須刻意伸小腿做踢的動作；也可以直踩，在盪出之際將虛腳內翻，以腳的內側掃擊。這種踩腿仍適合攻擊低位的膝蓋和脛骨。

二、圓勁中高擺腿

如下圖，以由內向外的右擺蓮腿為例，左實腿的腳底磨勁（原地做內翻動作，但實際上腳仍留原地），帶動身體外旋，同時大腿肌肉外旋，右虛腿隨外旋的能量內收帶身體左側；左實腳底

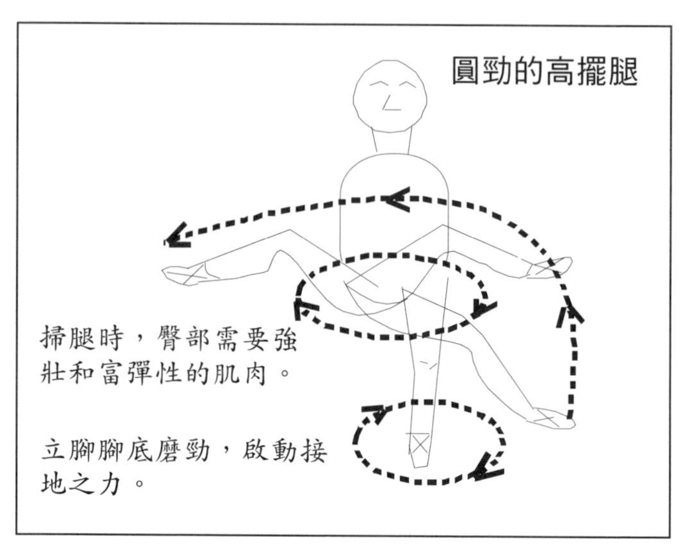

在反向磨勁（原地內翻，但腳不動），右虛腿趁勢向左屈腿外展。雖然擺腿的動力也來自實腳對地表的磨勁，但腿蕩起後須加上內收、外展肌肉群的能量，髖關節韌帶要鬆，需時較長，消耗能量較多，對高踢的動作，應先用手搭住對方的手，有一支撐點後再踢。

太極並非不能高踢，但原則不能變，如果任何動作有實腿直立、舉踵或明顯的屈大腿、伸小腿的情形，實際上已偏離了太極的基本力學。

高踢須先鍛鍊將髖關節韌帶拉鬆，踢出的所需時間和能量較多，優點是可以遠距離攻擊，出奇制勝。高踢失敗所導致的危險性較高，因此大部分的太極師傅都不主張高踢。

陳家武術中，因太極十三勢可能是單獨練習，因此陳氏太極中的許多高踢、躍踢動作，並不能代表原始的太極力學。

對一個學習太極的武者而言，楊氏太極的直勁與陳氏太極的圓勁，正如同太極的一陰一陽，可互取長短。楊氏短架的鄭曼青太極的拳架，雖仍走鬆緩的路線，但嚴格要求直勁和圓勁（腳底磨勁）的充分表現，兼有兩者的特色，唯很少像陳氏太極中快速強烈的髖關節的扭動。

步法與身法
Footwork and positioning

當我們所處位置對踢法不利時，可藉插步（腳交叉而過）或轉身等來改變位置，爭取有利的位置。

基本上這些變動仍應保持身體的絕對平衡，不可忽低忽高，須隨時保持腳底與地面的壓縮力（蓄勁），以隨時出人意外地放勁。

擊法 Punch

一般武術的拳擊動力，主要利用肱二頭肌的屈肘，協調肱三頭肌伸肘，來完成一個出拳的動作，當中還配合髖關節的扭動轉身，來增加揮拳的速度。可是我們常說：「太極不動手，動手非太極。」那麼，太極拳如何能擊呢？學過太極力學，自然知道其奧秘在於向地球借力量，一切勁力來自地球的反彈能量，手臂不過負責傳遞來自地球的力量罷了，因此手不是手，而像接在火車頭前的竹竿，將物體撐飛出去。

依照力學的角度，只要經過嚴格和正確的訓練，比起從手臂出來的力量，太極的速度與能量要強了許多。

太極拳的擊法可分直勁與圓勁，基本上都是短勁。長勁的擊法雖可將人撐飛出去，但效果不如按法和擠法，畢竟單手的支撐力有限。

一、透勁

如圖的A型擊法，假設重心在前腳，其透勁的方法與擠勁很相似，是在拳頭接觸對手的身體太極拳的擊法是以整個肩臂，像鐘擺般的盪起來。盪起時肩臂肌肉須絕對放鬆，速度才能最快。其特點是速度極快，可在最短距離將勁力透入，不須屈肘和伸肘的動作。

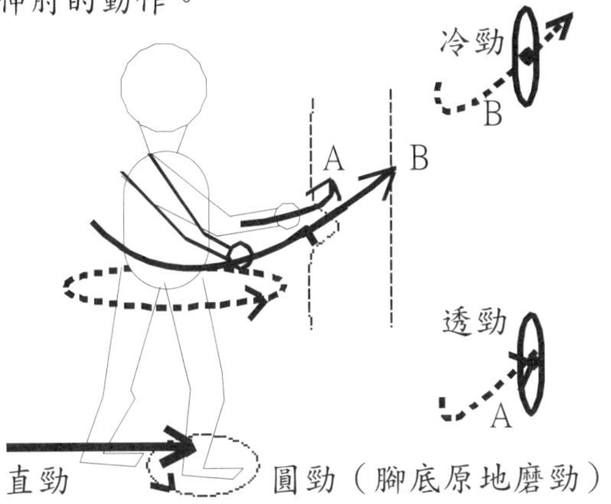

冷勁
B
A
B
透勁
A
直勁
圓勁（腳底原地磨勁）

後，用前面實腳來磨勁，利用全身旋轉的能量（圓勁），讓前臂與腕部以螺旋狀透入；假設重心在後腳，則可用後面實腳短促地向下踩勁，速度快但力距短，將拳勁往對手體內壓縮進去（直勁）。不論圓勁或直勁，因拳腕之內實際上是全身重力與地表回饋，此巨大的能量穿入對手體內，可引起內傷，但表皮並無受傷跡象。

二、冷勁

所謂「明槍易躲，暗箭難防」，冷勁就是冷

不防來擊的勁力。如前圖的B型擊法，假設以右拳攻擊，右臂原本是自然下垂的情況下，不必屈肘，即在手臂完全放鬆的情形下，快速圓弧形向前盪出，以斜角方式讓右拳猛抽敵人腹部。當重心在前腳時，可用前腳腳底磨勁為動力（圓勁）；重心在後腳時，則用後腳短促的向下踩，不必完全轉移重心到前腳，速度快，力距短。

一般人在近距離，很難料到這麼詭異的發勁方法，尤其勁力以斜角打入，即使對方腹肌強韌，平日很能抗打，遇到這種冷勁，也防不勝防。

最快速的擊法應具備下列要件：

- ◆ 用全身重力經由實腳腳底，壓縮地面，充分利用地球的反彈能量。
- ◆ 肩臂肌肉必須完全放鬆，才能快速盪出。
- ◆ 腳底磨勁、髖關節的轉動、肩膀的盪出，三者力求同步，像龍捲風。

鄭曼青大師常說，太極拳是改錯拳，這是因為它精緻的力學，唯有不斷揣摩、改正，才能做得正確，可不是嘛！

太極拳的擊法

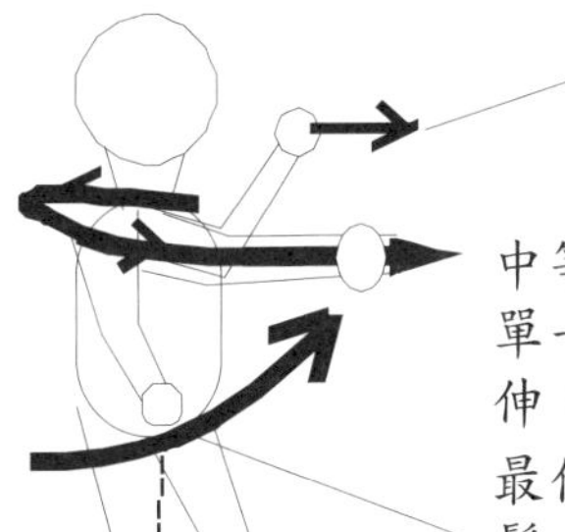

最差：用手臂的先屈後伸來發力，無全身的配合。

中等：從肩胛骨到手指視為單一個曲桿，沒有肘部的屈伸，配合接地之力而動。

最佳：肩臂部的肌肉全部放鬆，毫不收縮，用腳底磨勁或踩勁，接地之力，使攻速達極限。手臂蕩出後，至接觸對方身體的一剎那，才握拳撞擊。

勁力與體能訓練

太極拳有獨特的上乘力學，但不表示學了它就是勝利者，除了一般的體能訓練外，踏實的太極基礎訓練，加上內功的修為，也極重要。

一、體能訓練

歐美國家流行慢跑（jogging）和健身（fitness），除了各級政府利用公園設立專用騎腳踏車和慢跑道路外，以相當於聯合里為單位成立的社區中心，都有各種舉重、跑步機、游泳池等，如果我們能利用類似的設備來強化肌肉纖維，尤其是加強心肺功能。

體能好，身體不易缺氧，是久戰之下仍能保持鬆柔的先決條件。爬樓梯和上山坡也是很好的運動，對腿力和心肺功能助益極大。

不要放棄任何可以爬樓梯的機會，慢慢增加樓層，先每次一個階梯，過幾個月增為每步兩個階梯，速度逐步增快，體能必臻佳境。

二、太極的基礎訓練

1. **站樁**：先用雙腳樁，將體重平均放在雙腿，剛開始站五至十分鐘，漸至一小時以上。再用單腳樁，單腳背負全身重量，強化肌肉纖維。

2. 單練踩腳（踢法）的發勁。

3. 單練掤、握、擠、按的發勁，可利用石牆、砂袋增加抗力，加強雙臂的負重能力，充分讓全身重力壓縮到後腳（左右輪流），地球反彈能量經肩臂傳到牆上時，應能保持肩臂肌肉的張力，雙肘不可彎曲。

4. 利用強力彈性的橡皮圈，披在肩部，掛在腰部、腳部，增加抗力，練習掤、握、擠、按、圓勁和直勁的擊法（全身快速旋轉）、踩腿等等。

5. 利用爬山、慢跑、健身房的踩重，訓練腿部承受重力的能力。

三、撇腿拉筋

拉筋是一般運動暖身的項目之一，也是武術中踢高、坐低的必須訓練。對太極拳的武者而言，踢高並不是拉筋的目的，但筋鬆了，肢體動作較更敏捷，是有正面效益的，但拉過頭了，會造成韌帶的傷害，必須循序漸進。

跆拳道對鬆筋有一套很好的訓練方法，可以利用家裡的牆壁來做，效果理想。

其做法是：面對牆壁仰臥，使臀部儘量靠近牆壁，雙腿向上擱在牆上，呈扇形張開。每隔一段時間，適度加大張腿的角度，直到兩腿可外展到靠近地面；張腿應量力而為，不要太勉強，以免拉傷韌帶。

太極拳或許不必拉得那麼開，但這種方法可躺在地上休息、靜思，不受到身體重力的影響，是很好的設計。

四、內功與排打

內功以修身養性、強壯筋骨為目的。主要包括氣功和排打兩種訓練。除了練氣與靜坐之外，在老師指導下，可學習排打。排打可培養抗打的能力，內、外家的武功均有此訓練，唯內家主柔，主靜，較大眾化。時下流行的內功中，有「鐵布衫」、「金鐘罩」、「洗髓功」（又稱「鐵襠功」、「童子功」），「武當張松溪內功」、「左家內功」、「少林內功」等等。排打分徒手和器具兩種方法，器具以砂包、石包、荊條束、鐵刷子等為主。經過有系統的拍打全身，提高肌肉張力與痛閾，並可促進血液循環，按摩全身。唯恐練習不當，導致內傷，應由老師教導，並適當服用中藥防止內傷為宜。

有了排打的成果後，一般的踢、擊，將無法傷害其身，有助於培養膽大心細的武術修為；沒有了恐懼感，才能放鬆自己，以柔克剛。

太極修養練太極拳有沒有表達憤怒的權利呢？太極拳的速度是建立在肌肉的絕對放鬆下，如果我們遇到不快之事就情緒化起來，肌肉就繃緊了，關節馬上也失去靈活度，此時雖然腿腳仍能向下踩或磨勁，但上半身的配合度就變得很差，遇到對方修為高的，就很容易吃虧。

因此很有趣的，如果遇上很不愉快的事，且實在也很生氣時，最好的方式就是略帶微笑。我們可以告訴對方心中的不快，但至少在微笑中，我們上半身的肌肉是放鬆的，此時，如果必須發動踢與擊的奇襲時，必能達到最快速的效果，將整個手臂或腿部盪出去，而非局部的「擊」或「踢」的動作。

微笑可以化解敵意，儘管我們已經表達了心中的不快，至少我們臉上是慈祥的，一方面可減少對方的警覺度，一方面可能使雙方動武的意願大減，所謂「不戰而勝」是兵家最高的境界。

太極拳的準備狀態主柔，為陰；發勁時主剛，為陽。因此為太極拳剛柔並濟的武術，也是較陰險的內家拳。

請注意，「剛」不代表「硬」，「剛」代表的是肌肉、韌帶與關節承接對方重力的能耐，能有效支撐對方的重力，以完成地表反彈力的傳導。因此，如果我們本身不是一個很有修養的人，不妨為了太極的內勁來展現自己的笑容，至少我們展現了太極的修養。

POWER OF THE SWORD

太極劍勁

基礎認識

劍自古是俠客的最愛，一劍在身，到處行俠仗義，成就了多少英雄與佳人。從中國唐朝的劍仙李白，到日本的劍聖宮本武藏，至今人們還是津津樂道的。為什麼在科學昌明、槍砲氾濫的今日，劍還是那樣充滿浪漫的色彩，吸引眾多的憧憬，因為劍是有靈氣的，因人而名，也代表了劍客的思維與心性。

在盜賊四處危害的亂世裡，你想重溫一下俠骨柔腸的感受嗎？你想學一種技能修心養性，又能保家衛民的藝術嗎？太極劍將是很好的選擇。

劍是手的延伸，太極劍的內勁與拳一樣，必須向地球借力量，將全身重量放在一腳上，其重力可獲得地表最大的回饋，利用此巨大的反彈力，經過肩臂放勁，劍等於是手臂加長了；只要持劍的手指強韌，使劍身在遭受外力時，不會扭曲變形，劍勁就能通行無阻。

要御劍輕靈，必須以手指持劍，能持穩己劍和承受對手的劍勁；前臂和手腕須有強韌的肌肉和韌帶，引導傳出或傳入的劍勁。相對的，一如陳炎林在其太極著作中所說：「拳術中的徒手練習，足以長肌，器械練習，足以健筋骨。」經過太極劍，尤其是對練實打的訓練後，因前臂、手腕、手指不斷地承受兩劍勁力的傳遞，這裡的筋肉會變得十分壯碩。初時或許還無法用手指持劍來靈活運作，一年半載之後，自然得心應手。能用手指持劍，則劍柄與掌心之間，才有足夠的空間運轉，變化的速度才會快。

「以氣御劍」是我們常聽到的，不明就裡的，還以為是像武俠電影般，可以讓劍在空中飄來飄去的。在人類已能到太空探測星球的今日，這種荒誕不經的故事，只能一笑置之。

不過，在太極劍的力學上，以氣御劍與太極拳發勁的道理是一致的，也就是配合呼吸的動作，在轉移重心時，想像氣由脊柱兩旁，經肩胛、肩、肘、腕，傳到手指去；「氣」經過的地方，就代表運動神經差遣相關位置的肌肉的過程，如此由地表傳向劍尖的能量，自然比單純手臂的力量強許多，所以可稱得上以氣御劍，它是心靈與內勁結合的表現。

劍勁的比較

當今的擊劍藝術中，仍以西洋劍和日本劍道發展得最好，有良好的組織與比賽系統，更有對劍專用的保護器具和制服。反觀太極劍方面，仍限於表演性質，也沒有專門的提倡單位，中看不重用，實在可惜。

目前太極劍實戰的提倡，以嘉義的陳取寬師傅發展的最好，他採用日本劍道用的竹劍，充分將太極拳內勁的原理融合到太極劍中，使學生有機會體會「力由脊發」巨大力量，也能在接地之力的動力下，學得良好的沾黏技巧。

在美國，鄭曼青大師生前以紐約為基地，曾大力的推廣太極對劍的訓練，因此目前也有一部分他的洋弟子默默地開展此項運動，但終究不能將太極對劍組織化，影響到其世界化的發展。

以下是關於日本劍道、西洋劍和太極劍的比

較，知己知彼，以便恢復此變了形的中華瑰寶。

一、日本劍道（Kendo）

日本劍道事實上應該稱之為「刀」，因為它是單刃，劍尖則十分銳利，用來直刺人喉底。劍道是以雙手持刀為主，左手掌在下緊握，負責提供動力；右手在上以拇、食、中、無名指輕握劍柄，負責變化方向。長距離可突然變成左手單手出擊，出奇制勝。

攻擊重點為：腕、面（前額部上緣）和兩側腹部。持劍姿勢可分上、中、下、側（脅腰）、垂直正面（八相）等，以中段姿勢較常見。

劍道的動力是以左手垂直下拉，右手固穩定劍身和變化方向，左手快速垂直拉時，使劍呈拋物線被「甩」出。其優點是左側背部、肩、臂的所有肌肉都充分運用到，力距可從頭部上方（左臂撐直）拉到胸部，威力極大。

步法和身法方面，是以左腳在後，右腳在前的站姿，兩膝微屈，兩腳踵微微上提，使身體高度略上升，擊劍時以後面微屈的大腿肌肉使勁伸直，腳的前半部向下踩，使重心迅速前移，此時前腳奮力躍出，使身體成由上往下潛水式的下壓動作，後腳再迅速跟上半步；擊劍時須高聲喊叫，企圖以宏亮的聲音鎮住敵人，喊破其心防。

日本劍道的速度快，殺傷力大，且有系統的實戰練習，加上武士道的禮節，吸引許多的洋人學習。

技巧上，劍道也有很多詭計來引人落空，擦擊法和打擊法是用來擦開或打開別人的劍、自己則趁虛而入的技法；雖然以兩手持劍的方式較不靈活，但劍道經常在架住來擊後，用接觸點為支點，化橫線為圓，再迅速轉化為直線攻擊。

這種力學的缺點是，站立時以腳跖部承受身體重量，且前腳躍出時是平足落地，重心驟降，

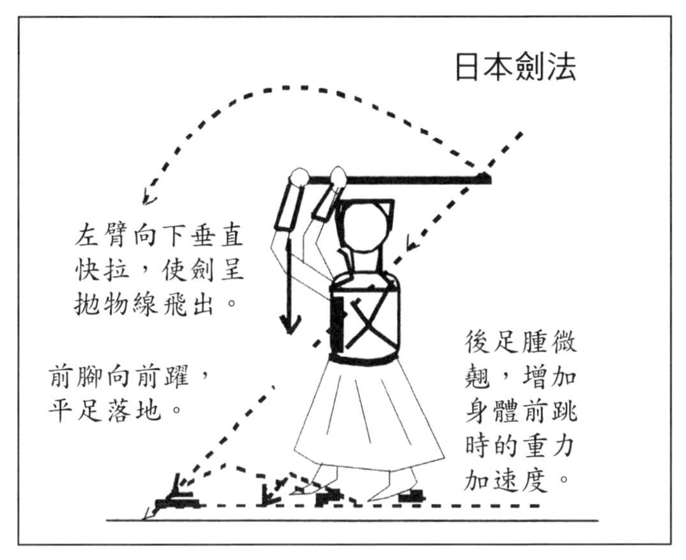

對踝關節的衝擊力甚大，易導致跗跖關節扭傷（不慎內翻）、跟腱周圍炎、踝關節錯縫等傷害。

其次，由身體向前的俯衝，「煞車」不易，因此必須在大舉揮劍後，快速衝到對手身後（脫進），再迅速轉身，嚴陣以待（殘心）；另一種方式則是，在出擊落空後，乾脆利用此衝力撞向敵人（體碰），使其失去平衡與作戰力，隨即再發動攻擊，趁虛而入。

劍道的護具上有頭盔，胸有護心，陰部有腰垂，雙手有手套保護，因此練習上頗為安全而具真實感。唯一套護具售價高達台幣二、三萬元，所費不貲。

竹劍的劍尖和劍柄是用牛皮做的，打擊的部位靠近劍尖的牛皮部位，因此傷害較小；唯一要注意的是四片竹片不可有斷裂、分叉的現象，以免發生刺傷眼睛的情形。

二、西洋劍（Fencing）

西洋劍的對劍主要分三種：

一、練習場用的圓頭劍（foil），來自法國的宮廷，17世紀為練習用劍。

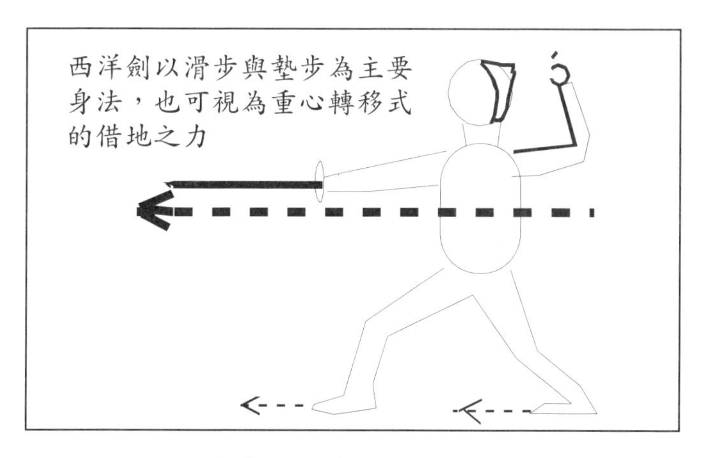

二、18世紀匈牙利輕騎兵用的軍刀(saber)。

三、16世紀法國步兵用的輕巧細長的尖頭劍（épée）。

早在1937年時，尖頭劍的比賽就已經用電子設備來計分了；圓頭劍的電子計分則始於1957年。尖頭劍攻擊目標可包括全身，圓頭劍以軀體為主，軍刀則自臀部起。

三種比賽的護具都是標準化的，包括：擊劍外套（fencing jacket）、網狀面罩（mask）、圍兜（bib）、皮手套（leather glove）、褲子、襪子、腋下護具（underarm protector），女加一胸片（breast plate）。

比賽場地長14公尺，寬2公尺；一場擊劍比賽的時間，高中和大學是四分鐘，美國擊劍協會

（USFA）和國際擊劍聯盟是六分鐘，擊劍組織細密，也是奧林匹克運動會的項目之一。西洋劍的組織體系齊全，下有高中和大專聯盟，上有全美和國際聯盟。

西洋劍以靈巧輕快為特色，主要劍招有八勢，可刺、可格、可洗、可撥，簡單而實用。其步法以滑步→跟步為主，因劍輕巧，運劍以肩臂為主，再配合靈活的步法、身法，一方先攻，一方守勢，攻勢落空則守方可反守為攻，擊中有效位置五次為勝。身上的計分背心被擊中時，電子計分器會發出響聲。

三、太極劍（The Tai-chi Sword）

太極劍承襲了太極拳「接地之力」的精神，依力學的角度可分：直勁、圓勁、長勁、短勁、沉勁、冷勁等；直勁可用來「擊」或「點」人手腕或頭；「刺」人心腹和喉頭；「崩」人手腕是直勁；用圓勁做下擊的動作為「劈」；「攪」是圓勁；抽、帶、提、洗的動作則須直勁移動重心前後，再完成圓勁；壓、截、格是在危急時使用等，平時以沾黏為主，除非對方已露出空門，機不可失，或對方的劍法詭異，聲東擊西，反應不

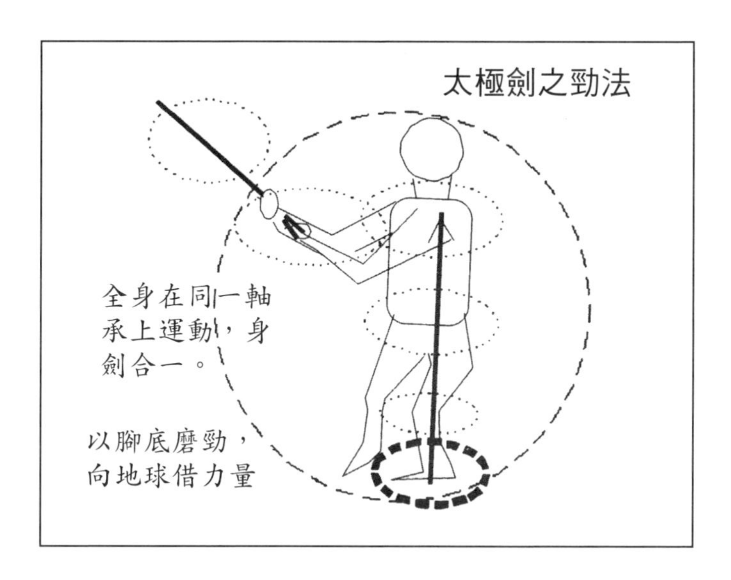

及，否則應避免硬碰硬的技法。

在太極劍的運用上，有幾項常用到的技巧：

1. 滑法

在對方的劍和腕與我方的劍在同一平面上時，沿其劍面，順勢將我劍下滑，攻擊其腕部。

2. 震法

用短勁（用腳底磨勁，髖關節快速而短促的扭動），震動對方的劍，引起其緊張和過度反應，俟其落空後立刻攻擊。

3. 挑法

我劍趁機由下往上挑，突然攻擊對方手腕下方，動力來自前腳腳底向下踩的地表回饋，重心迅速移後，並略往下沉，是直勁加上沉勁。

4. 攬法

以大劍圈或小劍圈封住對方的攻勢，再伺機攻擊。大劍圈以自肩胛關節至腕關節一體，配合全身的轉動而作圓形運動；小劍圈則幾乎只是利用腳底的磨動，隨著全身小幅度畫圈，腕部可隨著全身鬆柔的轉動，但只是配合動作，意念仍應放在腳底。

太極劍的基本要求

1. 劍是手的延伸，劍動因為整個身體動。
2. 重心放一腳上，用全身重量使來自地表的回饋集中一起，發揮最大能量。
3. 機動調整步法（footwork）和身法（positioning），不可死守中定；必須能前進、後退、左顧、右盼，以最有力的角度調配直勁、圓勁、長勁、短勁。
4. 嚴守太極拳的姿勢基本要求：鬆肩、垂肘、涵胸、拔背、頂頭懸、尾閭中正、虛實分清。脊椎正，背部肌肉才會鬆；肘垂則肩部肌肉才不會收縮變僵。

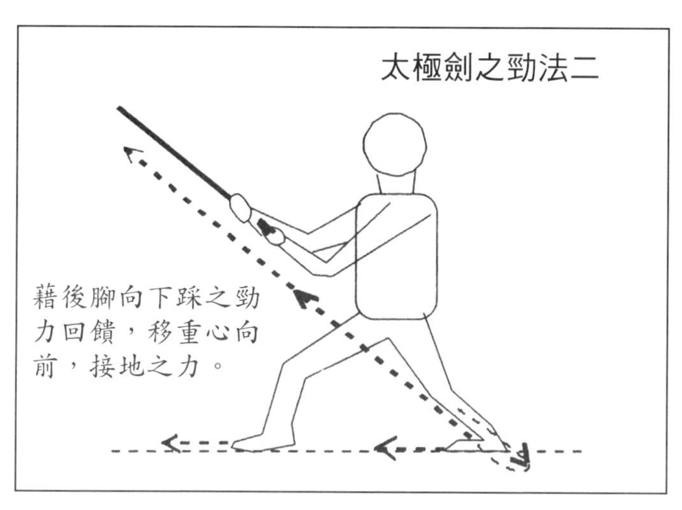

5. 主要以拇、食、中指握劍，以無名指和小指輔助穩定劍身，不可以全掌握緊，儘量減少小臂肌群的收縮，以免影響腕部的靈活轉動。
6. 腕部關節的轉動配合腳底啟動的全身轉動，屬於整個肩胛關節與肩臂關節活動的一環，屬於圓勁。
7. 一般以右手單手持劍，左手屈拇、無名、小指，伸食、中指，成為「劍戟」，協助穩定右手；必要時劍戟可發揮如太極拳「擠」勁的作用，一加一等於二，合兩手分力，出奇制勝。持重劍者，也可在必要實用雙手持劍，但應儘量避免。

太極劍訓練的要求：

太極劍與拳一樣，如要像日本劍道和西洋擊劍那樣，成功的發展世界性的武術，就必須摒棄私人的成見，以科學的方式管理和訓練，從學校起建立組織，才能揚眉吐氣。

其次，太極劍目前缺乏一套屬於自己的訓練器材與護具，如有較大團體和組織，統一設計和訂製，將有所助益。

例如，日本的竹劍的柄較長，貴為世界體育和武術用品主要輸出地的台灣和大陸，應可設計較適合太極對劍的訓練和比賽用劍。護具和制服方面也有待制定。

太極劍的教育與太極拳一樣，最大的問題是，真正懂的人不多，「名師」不等於「明師」，談到誰對誰錯，就會爭得面紅耳赤，唯有以科學的解釋，才能減少堅持己見的誤差，這也是我寫本書的目的。

基本訓練

一、單人原地擊法和進步擊法，直勁的練習

要領：後腳踩勁，力由脊發，由肩胛關節發動內勁向前，而非肘關節。如太極拳的「按」，不可有明顯屈臂和伸臂的動作。

二、單人原地刺法和進步刺法

要領：如上。

三、雙人進步刺法

要領：以兩劍接觸點為支點，在對方未及反應下，以後腳底踩地衝出，刺對方的胸部或喉頭。日本劍道稱之「擦擊法」。

四、雙人進步擊法

兩劍在頭部以上接觸時，趁其不意，以兩劍接觸點為支點，用後腳踩勁或前腳磨勁，迅速下擊其頭。

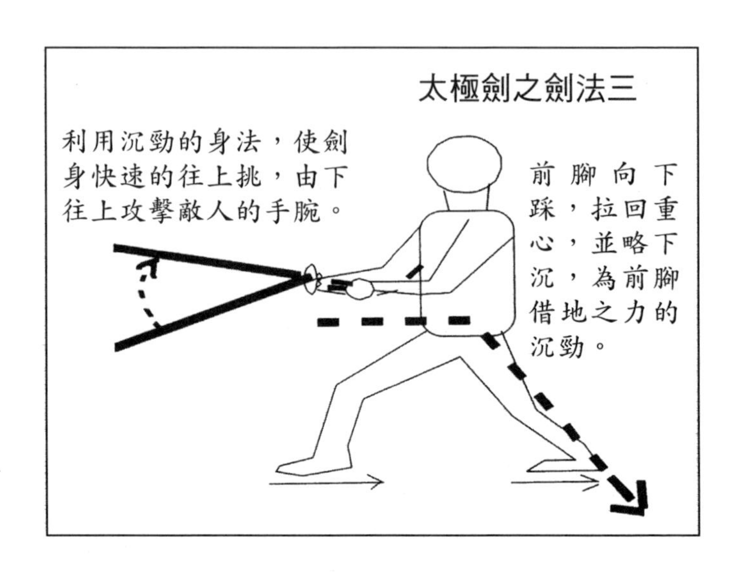

五、單人原地絞劍練習

可用做圓勁的基本練習，一開始可先持日本竹劍（Shinai），做腳底磨勁、「肩胛關節→肩關節→肘關節→腕關節→指掌關節」一貫動作，在胸前舞劍花。

要領：不可用肘關節或腕關節來舞動，應無明顯的肘部內收和外展的動作，而是由地表回饋的動力，帶動全身轉動，上部的配合動作仍是由肩胛關節起，整體的轉動，參與的肌肉群更多、更完整。

六、雙人原地沾黏勁練習

要領：一人守，一人攻，攻者想辦法離開守者的糾纏（沾黏），以發動攻擊；守者，保持屈大腿和屈膝的單重姿勢，維持與地表的壓縮與回饋，手部要輕靈，攻者的劍向左壓，守者的劍也隨其勁向左，引其勁到後腳底（根）；攻者的劍返右，守者利用剛才引到後腳底下的彼勁反彈，就像裝了彈簧般的自動復位，不用力頂，但始終沾住、黏住對方的劍。

對方快，守方反應就快，不到最後關頭不可用「格」、「截」的技法硬接。

七、雙人原地摺疊勁練習

要領：如太極拳的摺疊手，變化於直線於橫線之間。當敵劍欲將我劍往側邊打開，我則用走化的原理，不丟、不頂，以兩劍的接觸點為軸，化直線為橫線，利用其勁力使我劍順勢而橫，趁機下劈。

日本劍道也常在橫劍架住來劍後，順勢橫劍變成直劍，往下劈擊對方。

八、雙人活步沾黏勁練習

要領：如原地沾黏勁練習，加上步法、身法的變換，以圓形的方向練習，一攻一守。如對方勁力迫近，無法閃躲，則在吸收其勁到後腳底後，一次「送回」給攻者，死裡逃生，可以往上轉圈，換方向再戰。

攻者則可用攪、滑、震、挑等法，想辦法找出或製造對方空門，攻擊其腕部。

九、雙人震劍練習

要領：如太極拳之短勁，以腳底快速磨轉，髖關節同時短促且快速扭動，震動對方的劍，可向左、右震劍。日本劍道有「打擊法」，是突然短擊打開對方的劍，使其露出空門，再趁機攻擊。

太極劍如以雙手持長柄劍，以接地之力震劍，威力比一般的打擊法大很多，甚至可令對方失去平衡。

十、抗力訓練

擊刺廢棄的輪胎、沙袋等，增強各部關節韌帶承受重力的能耐，加強肌肉纖維的韌性。

十一、接勁訓練

可由雙人對練，一人以劍施壓，一人透過脊柱的極微調整，使對方勁力的方向與我方重心線重疊，將對方的劍勁帶到後腳底的地表；也可用晃動的重型沙袋做接勁練習。

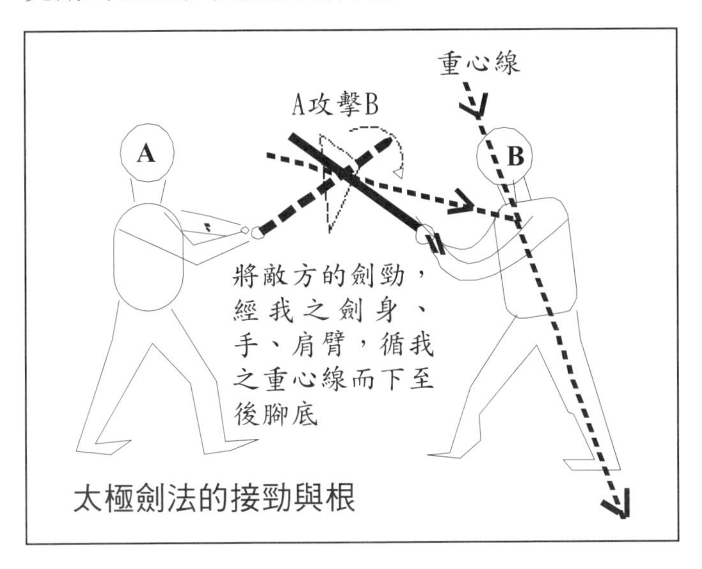

太極劍法的接勁與根

實戰訓練

在沒有正式的護具或護具太貴的情形下，可暫用劍道、西洋擊劍或其他武術競技時的護具，儘量減少危險的發生。無護具時，攻擊應限於腕部，但也應戴上武術競技的手套，最好是指頭可靈活運用的那種，避免腕部嚴重的傷害；眼睛最好戴上打壁球或其他的防撞玻璃鏡，頭部可戴上武術競技用的頭盔，如實在找不到，安全帽都可派上用場。

對指導老師而言，如果因可以預防卻沒有預防而導致學生受傷，在歐美國家都可捱告，不可不慎。任何運動的報名表上都應注明，學員有健康顧慮者，應徵詢家庭醫生的意見才參加，或填明有無健康上的問題。

太極劍的實戰，可先從一方守、一方攻做起。雙方應放開輸贏的念頭，儘量用太極劍的方式，以免變成手臂肌肉之爭，久了就積習難改。最好等到指力有相當的基礎，足以用手指持劍時，才下場實戰，否則勢將以手臂力量亂打一通，一場混戰！守方以沾住、黏住對方為首務，不可用力頂。

透過劍的接觸，仔細聽對方的意圖，觀察對方兩肩與喉頭之間的動靜，敵人有所行動時，這三角地帶會先動。攻方則不要心煩氣躁，應儘量用攪、滑、震、挑、崩等技巧攻其手腕，不可用蠻力亂擊。兩劍接觸的聲音愈小愈好，只有在擊中時才有輕脆的響聲。

單方攻守的訓練後，可開始自由對劍。此時雙方的情緒較穩定，已在先前的一攻一守中，領悟到太極劍的精神，會有較合乎太極力學的表現。

太極拳劍之間

- 發勁都是接地之力，力由脊發。
- 接勁均用調整脊柱方向法，使對方勁力與我脊柱方向一致，引入後腳底。
- 劍的沾黏攻守，如拳的推手。將對方的劍向兩側以分力「帶」開，如拳中的「搌」；「刺」其胸腹如「按」；向前由下往上「崩」敵之手或劍，如「掤」；向側後方撤步後「擊」落敵劍，如「踩」；再順勢橫劍取其首，如「挒」；雙方近身，趁勢以劍鐔擊敵人之腹，如「肘」；也可趁勢用肩膀靠其心窩，如「靠」。

強筋鬆心
Strengthen the body and relax the mind

太極劍是解釋剛與柔之間關係的最佳榜樣。劍要靈活，先要抓得住它，否則剛猛如劍道者，輕輕一擊就可將他劍擊落。

指力不足以抓住劍柄，只能用手掌抓，前臂肌肉因此僵硬，又怎能鬆。因此，「強韌」的筋肉不能叫「硬」；「鬆柔」不代表「軟弱」，心鬆才能鬆，如果連劍都拿不穩，只能叫「弱」。

雙手持劍與單手持劍的比較

雙手持劍則劍柄要長，一手用掌拉勁，一手用指控制方向，適合直線、弧線攻擊和使用單刃武器；揮劍時劍身穩固，快、狠且準；缺點是兩肩關節互相牽制，劍的活動角度受限，必須以身法和步法彌補此不足。

單手持劍只能用一手的手指握劍，指力的訓練需要更長的時間，並用左手劍戟護住右手，一方面穩固劍身，一方面以分力助勁。單手持劍時，若不能以手指緊握劍柄，而以手掌握劍，則前臂肌肉僵硬，既比雙手劍的勁力虛弱，也無法發揮單手劍的靈活度。

太極劍貴在其力學，長且重的劍若有長柄，可雙手持劍當作札桿用，如指力和肩背肌肉強韌，能承擔和傳導較多的重量，單手也能揮劍自如，因有雙刃，則更具勝算。輕劍不能硬碰，只能以靈巧方式硬敵，故應單手持劍；輕劍應有雙刃，才能在任何角度下傷敵。

劍的靈魂，不在持劍的手，而在用劍者的功力。功力不夠，就算有名劍在身和上乘武學，也無濟於事。劍的威力，不在劍的好壞，如有上等力學，加上刻苦練習，功力深厚，則即使樹枝當劍，亦能得心應手，克敵制勝。

劍非劍

太極拳和劍的力學基礎是一樣的，劍術到了一定的程度後，即使手上拿的不是劍，一樣可發揮驚人的威力。例如：用水浸濕的毛巾、夾克、雨傘、小棍棒，只要向地球借能量，力由脊發，這些都可以為劍。我還將這種力學運用在飛鏢上，從黃豆、石塊、玻璃珠到鋼珠，利用腳底磨勁，配合快速的髖關節、肩胛關節、肩關節、腕關節同時運轉，都可實踐太極的力學。

學太極在太平盛世可以健身、養性，在亂世可以自保防身。它的最大好處是，哪怕只有方寸之地，也可學得上乘的力學。

武 德

曾經有一位武術界前輩問了一個很有意思的問題；當你走在路上，突然有一名醉漢迎面走來，你該如何處置？他的答案很簡單，從旁邊繞開，不跟他碰上就可以了。

趨吉避凶是最好的策略，避開不必要的名利、酒色、暴露、黑暗、陰氣、人潮、車潮、權謀、低俗的娛樂，日出而作，日落而「習」，避開藏有一絲危機的場所和時間。

像加拿大一樣，太陽下山後人們就集中在社區中心運動、公寓內的健身房內鍛鍊等等，或留在家中看電視、閱讀，假日去公園裡慢跑、散步，社會又怎能亂得起來？

ROOTING

根

根，在武術的領域中，是指武術家的重心穩固，就像大樹的根一般，深入地表，沒有人可以移動他一步，即使許多人排隊一起推他，還是紋風不動地屹立不搖。

有很多習武者堅信有根，他們否認自己是用身體和手臂去抵擋外力。事實上，這很容易驗

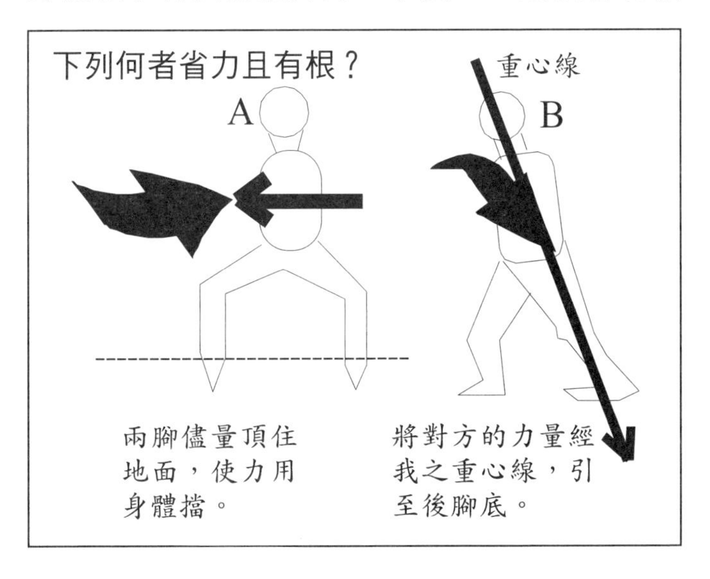

證，我們只要在推他們時，突然撤回力量，如該習武者因而失去平衡，向前跌撲，就表示是用身體在頂外來的推力，不是真的根。

況且當一個人用身體和手臂來硬頂時，不需片刻，就會精疲力盡，喘得像狗一樣。真正的根是持久且省力的，因此一場戰役下來，仍是神態自然，面不改色。

吸收能源

太極大師鄭曼青的根，可謂一絕。他可以單腳隻手同時擋住多人自四面八方的推勢，其原理不像一般的做法，並非使勁將雙腳鑽入地面，而是利用身體的結構，使來力方向與我方重心線相疊，引至後腳底的地面，身體就像一座橋般，將對手的能量傳導到地球上，這橋本身並不需要抵抗外力，如此就可省下許多頂和抵抗的體力，輕鬆禦敵。

換言之，如果我們能將來力經脊椎傳向後腳底，就可以省下許多能量，保持身體的鬆柔。

站 樁
Standing stances

傳統上，很多中國的武術都是以站樁為築基的基本訓練，一個成功的武者，往往每天要花一個小時以上來站樁。它的功用主要如下：

1.我們將雙腿打開，適度屈膝，使大、小腿部承受身體的重量，然後平均的分佈到腳底板上。腿和腳的肌肉纖維因不斷承受重力，變得強而有力，且處於被壓縮的狀態，久而久之，就能像兩個大木樁，使力「釘」入地面，除了我們自己的重心之外，也可用腿腳肌肉的收縮力量，使自己處於更平穩的情況。這是一種初級的根，建立在「樁子」的觀念上，所以叫做站樁。

2.強力的壓縮慣性使腿部更富彈力，不論在推、打、扭、踢各方面，因與地面強力的回饋，產生更大的反彈力量，也是一種「借地之力」的表現。

3.站樁是鍛鍊精氣的簡易方法，其道理很簡單。當我們直立時，體重自然沿著骨架往下，落於腳部偏腳踵的位置，如果這時想讓重心平均分配到腳底，身體須稍向前傾。

可是站樁時就不同了，因為兩腿張開，兩膝屈，腿腳的肌肉纖維都要承受來自上半身的重量，實在很累。此時透過交感神經的網路系統，就會向大腦傳出求救信號，請求增加能量應急。大腦收到資訊後立刻加以彙整，下令給腎上腺等單位，加速新陳代謝，提供人體更多能量。於是站樁幾分鐘後，就會感覺全身溫暖，手心發熱，甚至流汗等，實在太神奇了。

站樁的這個妙用近幾年來被用在各種氣功的練習中，也算得上是對養生方面的一大貢獻。

當然，真正的根必須建立在更高一層的力學基礎上，其訓練也必須經過名師的精心設計。最重要的是在受到外力時，能適度調整脊椎的角度，使外力被引導到後腳底，固然仍需要各部肌肉和關節的有力支持，但因其立論在於引流，不在阻擋，就不會虛耗體力了。

站樁可分單腳樁和雙腳樁。最常見的是馬步樁（如圖），重量平均分攤於兩腿腳，較不吃力，適合初學者；手臂則可選擇在胸前抱元或自然放在兩胯前。舉臂較累，但也同時訓練臂部肌肉的耐力，但應垂肘保持三角肌的鬆柔，以免肩膀日後變僵，失去靈活度。

另一種姿勢是單腳樁，因全身重量由一隻腳來負擔，非常吃力，但增進精氣的效果則神速。動作上則可選用現成的太極拳的招勢，例如：提手上勢、手揮琵琶、單鞭等，都是很好的選擇，快則三分鐘，就會通體發熱，精氣十足。

我曾經在攝氏零度的溫度下在室外練拳，三套拳架後仍未能暖身下，毅然決定採用單腳樁，於是隨取提手上勢，五分鐘後即得暖和，可見站樁的效用。

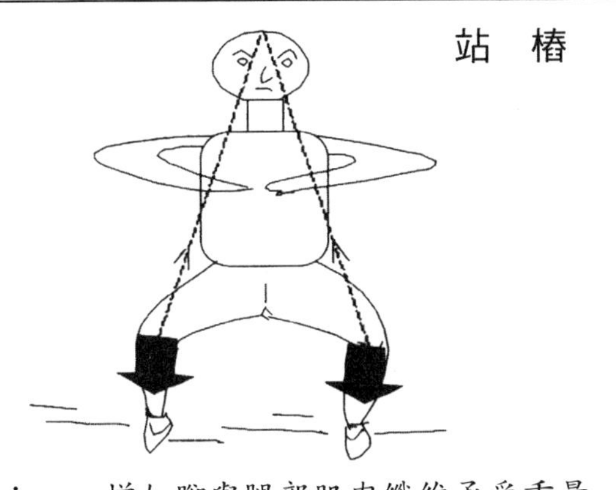

站 樁

效用：一、增加腳與腿部肌肉纖維承受重量的能力。二、大腦收到肌肉疲勞的訊息後，激發內分泌與能量，身體變暖，強身禦病。

搭公車和捷運時
Taking a bus or the subway

當你在搭巴士或捷運系統（地鐵或高架電車）時，別忘了充分利用機會，練習你的根與走化技巧，把重心交到一腳上，隨著車子的晃動、轉彎，利用腳底與地板的原地磨勁，旋動全身於一個軸承上，如果你能做到不必握住扶手，則表示根與走化能力已有相當成就。不過應量力而為，注意安全，以免發生危險。

單重還是雙重
Double or single foot root

內家武功中，太極、八卦、形意拳等，都採取單重系統。換言之，如將體重放在雙腳上，則會失去內家武術的特色，因為雙腳平均分攤了重量，也相對減少了重力與地面回饋的反彈力，表現出來的與一般的力學的能量差別不大，除非靠良好的肩臂訓練來彌補不足，否則，儘管此時仍能發出巨大的肩臂力量，但已經失去內家武功的特色。

這裡告訴我們，內家或外家並不代表在武學

上的絕對優勢，嚴格的訓練與自我的要求，都有決定性的影響。但是，內家在力距上，佔有力學基礎上的優勢，則是不爭的事實；要將它發揮到極至，則科學且易解的詮釋和合理的訓練系統，具決定性的影響。最怕的是，習者過於神化內勁，疏於力距以外的鍛鍊，因而成為有特色，但不是頂尖的武術，那真有愧於先人的發明了。

或許還是有人質疑，為什麼雙重不好，驗證的方法很簡單：

一、將全身體重放到雙腳上，然後轉動身體；再將體重放在一腳上，然後轉動身體。現在比較一下何者讓身體轉動的角度大？答案當然是

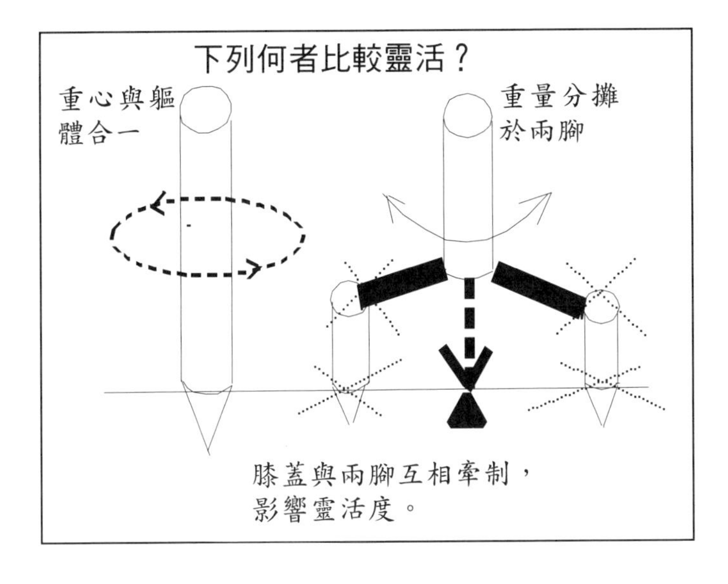

體重放在單腳時靈活。

二、當我們站在月台上等車子的時候，如果突然有人從後面推我們，單重比雙重安全許多，因為當體重放在兩腳時，兩側都受到重力的影響，失去了靈活度；但如放在一腳上，整個身體同在一個軸承上運轉，自然靈活許多了。

根的運用
Applications of rooting

根的建立可保護我們免於被推或被拋。當有人要摔我們時，先將一手貼到對方的腰、頸，或將自己的膝蓋壓住對方的膕窩部（膝蓋後），打斷其勁力傳導的任何一段（腿-腰-頸-肩-臂-肘-腕），試著調整自己脊柱的角度，引導來力至後腳底，就可基本保持平衡。

物理上，如果某人要摔倒你，他必須至少控制你身上的兩點，可以用他的臀部靠在你的腹部，當作槓桿的中點；抓緊你的肩膀或肘部之一，儘可能讓你失去平衡；或用腳鉤掃你的腳踝或小腿等等。然後用腳蹬地，用力將你拋開。此時如果你能攔截對方勁力傳導的任何一節，他就無法完成一次完整的拋投動作。

如果你懂得吸收對方的勁力到地面，再將他的力量加速還給他，敵人就會傷於自己的力量之下，受傷的程度則視他想傷害你的程度而定，或許這種一念之仁，也是內家武功的特色之一吧！

APPENDIX

附　錄

太極拳論

太極者，無極而生，動靜之機，陰陽之母也。動之則分，靜之則合。無過不及，隨曲就伸。人剛我柔謂之「走」，我順人背謂之「黏」。動急則急應，動緩則緩隨。雖變化萬端，而理唯一貫。由著熟而漸悟懂勁，由懂勁而階及神明。然非用力之久，不能豁然貫通焉！

虛領頂勁，氣沉丹田，不偏不倚，忽隱忽現。左重則左虛，右重則右杳。仰之則彌高，俯之則彌深。進之則愈長，退之則愈促。一羽不能加，蠅蟲不能落。人不知我，我獨知人。英雄所向無敵，蓋皆由此而及也！

斯技旁門甚多，雖勢有區別，概不外乎壯欺弱，慢讓快耳！有力打無力，手慢讓手快，是皆先天自然之能，非關學力而有為也！察「四兩撥千金」之句，顯非力勝；觀耄耋能禦眾之形，快何能為？

立如平準，活似車輪。偏沉則隨，雙重則滯。每見數年純功，不能運化者，率皆自為人制，雙重之病未悟耳！

欲避此病，須知陰陽。黏則是走，走即是黏；陰不離陽，陽不離陰；陰陽相濟，方為懂勁。懂勁後愈練愈精，默識揣摩，漸至從心所欲。

本是「捨己從人」，多誤「捨近求遠」。所謂「差之毫釐，謬之千里」，學者不可不詳辨焉！是為論。

王宗岳　著

十三勢行功要解

以心行氣，務沉著，乃能收斂入骨，所謂「命意源頭在腰隙」也。意氣須換得靈，乃有圓活之趣，所謂「轉變虛實須留意」也。

立身中正安舒，支撐八面；行氣如九曲珠，無微不到，所謂「氣遍身軀不稍滯」也。

發勁須沉著鬆靜，專注一方，所謂「靜中觸

動動猶靜」也。往復須有摺疊，進退須有轉換，所謂「因敵變化示神奇」也。曲中求直，蓄而後發，所謂「勢勢存心揆用意，刻刻留心在腰間」也。精神能提得起，則無遲重之虞，所謂「腹內鬆靜氣騰然」也。

虛領頂勁，氣沉丹田，不偏不倚，所謂「尾閭正中神貫頂，滿身輕利頂頭懸」也。以氣運身，務順遂，乃能便利從心，所謂「屈伸開合聽自由」也！心為令，氣為旗，神為主帥，腰為驅使，所謂「意氣君來骨肉臣」也。

武禹襄 著

太極拳論

一舉動周身俱要輕靈。尤其貫串。氣宜鼓蕩，神宜內斂。無使有缺陷處，無使有凹凸處，無使有斷續處。其根在腳，發於腿，主宰於腰，形於手指。由腳而腿而腰，總須完整一氣。向前退後，乃能得機得勢。有不得機得勢處，身便散亂，必至偏倚，其病必於腰腿求之。上下、前後、左右皆然。

凡此皆是意，不是外面。有上即有下，有前

即有後，有左即有右。如意要向上，即寓下意，若將物掀起，而加以挫之之力，斯其根自斷，乃壞之速而無礙。

虛實宜分清楚，一處自有一處虛實。周身節節貫串，無令絲毫間斷耳。

長拳者，如長江大海，滔滔不絕也。掤、攦、擠、按、採、挒、肘、靠，此八卦也。進步、退步、左顧、右盼、中定，此五行也。掤、攦、擠、按，即乾、坤、坎、離，四正方也。採、挒、肘、靠，即巽、震、兌、艮，四斜角也。進、退、顧、盼、定，即金、木、水、火、土也，合之則為十三勢也。

編自武禹襄的《十三勢說略》和王宗岳的《太極拳釋名》

十三勢行功心解

以心行氣，務令沉著，乃能收斂入骨。以氣運身，務令順遂，乃能便利從心。精神能提得起，則無遲重之虞，所謂「頂頭懸」也。意氣須換得靈，乃有圓活之趣，所謂「變轉虛實」也。發勁須沉著鬆靜，專主一方，立身須中正安舒，支撐八面。行氣如九曲珠，無微不到，運動如百煉鋼，何堅不摧？

行如搏兔之鵠，神如捕鼠之貓；靜如山岳，動若江河。蓄勁如張弓，發勁如放箭。曲中求直，蓄而後發，力由脊發，步隨身換，收即是放，放即是收，斷而復連。

往復須有摺疊，進退須有轉換。極柔軟，然後極堅剛；能呼吸，然後能靈活。氣以直養而無害，勁以曲蓄而有餘。心為令，氣為旗，腰為纛。先求開展，後求緊湊，乃可臻於縝密矣！

又曰：彼不動，己不動，彼微動，己先動，勁似鬆非鬆，將展未展，勁斷意不斷。

又曰：先在心，後在身。腹鬆淨，氣斂入骨，神舒體靜，刻刻在心。切記一動無有不動，一靜無有不靜。牽動往來氣貼背，斂入脊骨。內固精神，外示安逸。邁步如貓行，運勁如抽絲。全身意在精神，不在氣，在氣則滯。有氣者無力，無氣者純剛。氣如車輪，腰似車軸。

編自武禹襄的《太極拳解》和《太極拳論要解》

Q & A集

Q：有人說太極拳並不是張三豐所創，而是陳王廷所創，這是真的嗎？

A：太極拳的源流，經顧留馨、唐豪、吳圖南、雍陽人、趙斌、宋志堅、于志鈞等的考證，應該早在唐朝就已存在了，北宋張三豐則集其大成，其後的王征南、張松溪、王宗岳則對太極拳的開花結果扮演重要的角色。

至於陳家的武學，原以少林砲捶著名，太極拳是由王宗岳的弟子蔣發傳給陳長興的，但原太極十三勢並未列入陳家武學中，不過陳式的圓勁自成一格，有其價值所在。目前的楊式太極拳則是融合陳家武學與太極十三勢而成。

Q：英文將「按」翻譯成push，將「擠」翻譯成press，是否適當？

A：「按」的動作，顧名思義是沒有手臂屈伸動作的技法，而push的解釋則是「推」，動作是將手臂後屈，再往前伸，這在實質上已偏離「按」的定義，因此，是根本錯誤的翻譯。事實上，「按」宜譯成press才是。至於「擠」，翻譯成squeeze。

Q：太極拳所謂「單重」與「雙重」，與「虛實分清」有何分別？

A：太極拳要求單重，與虛實分清是一體兩面，異曲同工。單重也就是說將重心放在單腳上，此時這一腳是實的，而另一腳則相對為虛的。

Q：有人將練習太極拳時雙腳的重心分佈，解釋為百分之三十輕、百分之七十重，這是對的嗎？

A：這是錯誤的。單重的意義主要在指重心的所在。如果重心全部在一腳上，則從頭到腳就形成了單一的轉軸（樹幹）般，其他的手腳則只是樹上的分枝，隨著整個樹幹移動，即使他們本身仍具重量，但已在軸承之外，在太極的動力學上，並無積極的意義。所謂

「虛實分清」，「虛」和「實」都是屬於絕對值，沒有所謂百分之三十虛、百分之七十實的說法，不像輕重可以有不同的級別。況且大多數的武術都要求重心三七分，則太極拳與其他武術又有何不同呢？不過，純以健身和修心養性為前提下，三七分是可以接受的，因為在學習上較容易，也不計較重心與地表之間回饋的能量多寡。

Q：所謂「力由脊發」、「太極不動手」是怎麼回事？

A：這是太極拳深妙之處，因為太極拳中手臂的動作只是隨著身體移動，就像樹幹上的樹枝般。所謂力由脊發，是指手臂在做各種動作時，沒有肘關節的屈伸動作，從肩胛關節到手指端視為一個曲桿，沒有肩關節、肘關節、腕關節的個別動作，這個曲桿只是隨著全身這個大軸承移動，其動力主要來自重心所在的一腳，與地表壓縮和回饋的能量。因此我們不說力由肩發、肘發，而說「力由脊發」。反言之，既然沒有肩、肘、腕的個別動作，彷彿手臂根本不動，所以說太極不動手，可不是手癱瘓了，連動也不能動！

Q：太極拳有這麼多門派，應該學哪一種比較好？

A：學太極拳最重要的是要學得其動力精髓，哪怕只有最始的十三勢，只要動作在前進、後退、身體方向的轉換上，合乎太極力學，向其他各種運動般，每天有計劃、有目標地在勁力、體能方面下工夫，不沉醉在酒色財氣中，作息有時，必能有成。

一般而言，陳式太極拳需要的動能較高，較具攻擊性，許多年輕人都很喜歡他。楊式、吳式、鄭子（鄭曼青）等則較柔和，不像陳式那麼劇烈，但陳式也已出現鬆柔的版本，可隨個人興趣選擇。不過，陳式以旋風式的圓勁為主，其他多以直勁為主，不妨取長補短，補其不足，只要得其精神所在即可，不一定要學習所有的拳架。

Q：所謂「合乎太極力學」，到底要怎麼練才是呢？

A：最重要的就是將全身重量放在一腳上，使全身像一貫作業的同一軸承，像一株大樹的樹幹，以全身重力與地表壓縮、摩擦的反彈力量，集中一個方向，沒有分力，像火箭般前進或後退，像旋風般旋轉。所謂「蓄勁如張弓，發勁如放箭」，就是太極的力學，詳細可參考本書相關資料。

Q：怎樣求得名師呢？

A：「名師」不如「明師」，「明師」必成「名師」。太極拳應講求知而後行，然後知行合一。如果沒有科學根據，就是說破了嘴，也辯不出所以然來。在看完、消化本書後，加上自己的體會，自然懂得求師之道，求得明師可省下數十年的學習歷程，否則數十年後腳下仍然無根；動手動腳，卻不知向地球借力量，無異蹉跎光陰。

Q：現在的太極比賽有何弊病？應如何改良？

A：太極拳比賽分拳與武器兩種，並有套路表演與推手比賽之分。套路的比賽可以看出一位選手對動作運用上的認知程度，但因太極拳屬於極為精細的運動，從外表上很難看得出該選手對太極力學的認知如何，因此太極拳和武器的套路比賽，較適合表演和健身性質，其名次不能與在武術上的意義畫上等號。

推手比賽分定步和活步兩種。定步推手中，選手不能移動腳步，雙方以雙手接觸，藉重心的前後移動、雙手的沾黏來探得對手的動向，以便化開對方攻擊或趁虛取勝；在防守上因不能移動位置，只能化不能走。因此如果選手的高矮相差太多，這種比賽的立足點就很不公平，因為手長腳長的人即使不移動重心前後，其手臂一直都可超越對手的重心線，隨時可攻擊對方。

按理矮的一方必須要「走」以移動重心於對方手臂不及之處，加上有些比賽雙方須先單臂推手熱身，如果裁判喊開始的位置正好是矮個子的重心在前時，即可輕易被對方推倒，改善之道是改以身高來分級，這樣才能看出太極力學的特點，哪怕對手再胖，也可借地球之力推開對方。

至於活步推手，圈子太大變成體能比賽，即使將對方引進落空，也未必能將對手推出圈外。因此圈子應縮小為引進落空後，再加一個動作，就可將對方推出圈外的範圍內。可延長回合數來測試對方體能，此時的分級可採雙向制，也可按體重，也可按身高都無所謂，因為選手都可以移動方位。

推手比賽最大的弊病，應是接手時的單推熱身運動。它違反了任何武術應以最自然的方式接觸的原則，未比賽有時就可斷定勝負了。自然接觸可避免因個人身高、比賽規則等產生的原始不平等。

太極劍比賽仍停留在套路比賽上，與西洋擊劍、日本劍道的實事求是相較，國人應感慚愧才是。目前發展太極劍實戰的，以臺灣嘉義的陳取寬師傅最為成功。不如集思廣益，研擬出一套比賽規則和護身器具，認真地品味以氣御劍的快感，進一步發揮太極的力學於武器上。

Q：太極拳講求鬆柔，是不是說有強韌肌肉的人就不適合練太極拳？

A：「鬆柔」不是「軟弱」，鬆是在於心鬆，而非棄械投降式的軟弱。鬆的要求在於任何動作前，應儘量不使身體和手臂的肌肉纖維收縮，應處於放鬆的狀態，喜歡看李小龍電影的人就可察覺，他在攻擊前是處於肌肉放鬆的狀態，因此不論擊或踢的速度，都快得驚人。肌肉纖維不收縮，加速度才會快，應變能力才會好。有堅強肌肉纖維的人，只要能將心放鬆，攻擊前或防禦時肌肉纖維不處於收縮狀態，就是鬆柔的表現。如果肌肉不發達，遇敵就緊張，肌肉緊繃，又有何鬆柔可言？這種體現在武器對決時感受得強烈，如果手指頭連劍都握不住，對方一打就掉到地上，根本連交手的機會都沒有，這種軟弱正顯示出對鬆柔的認知錯誤。

Q：**太極劍的劍柄應該是圓柱形還是扁圓形為佳？為什麼太極劍不容易練好？**

A：按照力學的觀點，劍柄應該是圓柱形為佳，因為手腕轉動時手指接觸圓柱的面積均勻，較能持穩劍身，轉動時角度一致，較為靈活。大凡劍法以靈活輕快為特色，不像刀那麼重、狠、穩，因此劍一定要用手指來「持」，絕不能用手掌「握」劍。用手掌握時，整個手掌和前臂的肌肉處於收縮狀態，肌肉僵掉了，且掌心沒有空間供轉動，就不可能靈活。

Q：左手指形成的劍戟很重要嗎？

A：劍戟是左手屈拇、無名、小指、豎食、中指而成的手勢。在運用上極為重要，尤其當對方雙手持刀、棍時，左手劍戟可適時與持劍的右手結合，形成一加一，如拳法中「擠」的力學基礎，加倍運勁於劍身；也可突然放開劍戟，搶奪對方武器，或以拳法中的「按」來推倒對方；當對手強勁時，最好時刻將劍戟搭在右手腕上，以備不時之需。這些都必須有拳的接地之力為基礎，否則只是繡花劍，中看不中用！

Q：練太極拳可以練習擊、踢沙包嗎？

A：當然可以，只要擊、踢的力學基礎合乎太極拳的要求。換言之，擊法不論用掤、攌、擠、按、前踢、掃踢、擺腿，只要是利用腳底與地表壓縮和磨轉的回饋，就是太極拳的技法，沙包、砂袋，甚至健身用的器材，均可經過設計，以合乎太極拳力學的方式訓練，不必畫地自限。

Q：練太極拳可以慢跑、爬山嗎？必須忌口嗎？

A：可以。這些運動都有助於心肺功能的增進，提高耐力與應戰的持續能力，也可防治心臟病的發生。練太極拳除健身外，也應修身。抽菸、酗酒等，會提高肺癌、肝癌、胰臟癌、中風、心臟病等的機率，咖啡、檳榔、刺激性和醃製的食品也應少吃。

Q：太極拳的摺疊手技法，可否用在太極劍上？

A：在太極拳的力學基礎上，沒有拳、劍、刀、桿的區別，只有是與不是的認知問題，因此摺疊手在劍的運用上就是「摺疊劍」。劍從直線自然地轉換成圓線的技法，當敵人猛然欲將我劍向旁側擊開，以趁虛擊我時，我以靈敏的聽勁，順勢藉對手的劍勁使劍自然橫擺，順勢向其頭部擊去。這種技法即使在日本劍道也有之，所不同的是，太極劍以單手操劍，速度較快，日本劍則較重、較狠。劍與拳的道理是一樣的，直線變圓線可順勢保護自己，圓線的形成即是蓄勁攻擊的開始。

Q：太極拳法在何種方式下速度最快？可不可以一開始就握緊拳頭？

A：太極拳擊出時應注意到「太極不動手」的原則，也就是說，擊出的動力不是肘關節的一收一放，而是靠接地之力，全身一致地將手臂盪出。因此，擊出的最佳位置應該是手臂向下自然下垂、放鬆，全身重量放在一腳，然後腳底磨勁，帶動全身在同一軸承上快速轉動，使手臂像鐘擺般，以最鬆的狀態盪出，其速度之快將無以比擬。因此，在未接觸敵人身體前，只能微微握拳，但不可用力，不讓任一手臂肌肉收縮，因為肌肉纖維一收縮就僵硬了，僵硬了就會延緩出拳的速度。

手臂盪出後，在接觸對方身體的一那握拳，換言之，從揮拳到接觸，速度保持力學上的最快極限，沒有絲毫的浪費，雖然面帶微笑，根本沒有用力的跡象，但因速度奇快，撞擊力大，很少人能承受得了。

另一方面，手臂自下垂位置盪出的最大優點

是，以斜角45度透入對方腹部，減少與對方腹肌的正面撞擊與回饋，斜斜透勁，即使對方練過鐵布衫，也不一定受得了。

Q：**太極拳與柔道、柔術、摔跤等對手時，應注意哪些事？**

A：太極拳要能發揮應有威力，最重要是保持軀體的中正，然而因比賽規則的不同，柔道、柔術等幾乎把抓肩、抱頭視為正常。而對太極而言，脊椎一定要隨時保持中正，如果在較技中脖子被控制住，則軀體已彎，太極的精神自此已消失。通常在太極的脊柱彎曲之前，太極拳家應即以擠法震傷其內臟，以寸勁使對方失去戰鬥能力；或實腳向前磨動，以虛腳迅速邉出，在不影響自己重心的情形下，攻擊其膝蓋以下的部位；或屈食指，以實腳磨勁，鑽其肋間神經敏感的部位，或雙手自外夾住其肘關節，以後腳接地之力發按勁；或雙手變指，插入對方雙腋後發按勁。如果不小心被摔倒、抱倒在地，對方坐在我胸腹部企圖用雙手掐住我喉部，此時仍可用接地之力來解圍並同時反擊。

首先將一腳腳底完全與地面壓實，利用該腳底與地面磨轉，產生上半身的快速扭立並依下列方式反擊：一、利用腳底的扭立與全身的旋動，將對方從我方身上震開。二、雙手立刻相疊，朝對方胸腹部，尤其是胸股柄下緣的肝區，施予猛烈的短勁，使其失去戰鬥能力（重傷）。三、雙手屈食指，配合全身扭力，以食指關節鑽其肋間敏感位置。四、拿住其肘後關節，以腳底向下踩勁，使身體向頭部方向躍上，趁勢傷其肘關節。五、以指力痛壓對方肘關節前後的小海（屈肘，在尺骨應嘴與肱骨內上踝間凹陷處）、少海（屈肘，當肘橫紋內端與肱骨內上踝連線的中點）、曲池穴（屈肘，在肘橫紋外端與肱骨外上踩連線的中點）、手三里（前臂橈側，曲池下兩寸）。

以上手法經與巴西柔術選手對練結果，效果很好，其特色在於以接地之力，在最短的距離發動攻擊。

Q：陳鑫在陳氏太極拳的發展史上，居何種角色與地位？

A：陳家武學的普遍冠上太極之名，應在陳鑫（1489～1929）著書立論之後。陳鑫是文人出身，在撰寫《陳氏太極拳圖說》的十二年中，多方蒐集資料，多少受其鄰里杜育萬的影響，該書中載有《杜育萬述蔣發受山西師傳歌訣》，與武禹襄（1812～1880）所寫的《十三勢說略》幾乎相同，是太極拳力學的真正重心。

陳鑫對陳家武功的力學分析，尤其在纏絲勁方面，有其獨到之處，可惜書中缺乏太極十三勢的蹤影，無法直接證明陳氏武學與太極拳的關係。不過，剔除高踢和低坐的動作，《陳氏太極拳圖說》中仍可看見若干太極力學的存在。

陳鑫撰寫家乘族譜，使陳家武術名正言順的泛太極化，但嚴格地說，以對太極十三勢的記載與認知而言，陳長興（1771～1853）應是陳家太極的第一人。

陳氏太極拳的螺旋式動作，配合一剛一柔的收放，自成一格，就武學與肢體美學的價值，仍廣受其學習者的肯定。

脊椎骨盆端正百病消

多年來致力於脊骨矯正與內科疾病的研究，發現許多身體骨節的疼痛，甚至久久不能治好的內科疾患，都是脊椎、骨盆歪斜惹的禍，最經典的就是偏頭痛、眩暈、月經痛等。大部分的足底筋膜炎、膝關節痛、腰背痛等，都與骨盆歪斜有關。這些疼痛都可能在數秒到數十秒內緩解。

SCC柔適療法可為世界省下數以兆計的醫療開支

柔適整脊療法（SCC, SOFT CURE CHIROPRATIC）是我自創的整脊醫術，其中最大的特色就是枕頸復位術（OCCIPITAL AND CERVICAL REDUCTION）、骨盆四點（PELVIS FOUR POINTS DIAGNOSIS）。SCC顛覆了歐美傳統整脊的錯誤教條，提出大部分頸椎移位都是受到頭骨擠壓而整排的旋轉的證明，往往即使單個頸椎的移位，只要頭骨復位，也會自動歸位。傳統岡士德整脊的頓挫方法不可能有效改善這種情形。

使用SCC柔視整脊最快只需要幾秒鐘的頭骨調整，就可以讓落枕、肩頸痠緊、頭痛、頭暈馬上消失。透過骨盆的調整，腰腿痛的緩解也都是以秒計時。更重要的是，一些婦科、神經科、腸胃科的疾病，事實上都與脊椎骨盆的移位有關，透過SCC都可以馬上獲得緩解，使症狀迅速消失。如果世界各國的醫療健保體系能使用SCC，保證可以省下數以兆計的醫療開支。

實例：

1. 李小姐十多年來反覆頭痛，每次發作時眼睛也痛、內耳也痛，痛到撞牆，痛到每次要叫救護車到醫院急診仍痛，經人介紹發現頭骨移位造成整排頸椎旋轉與部分移位，SCC調整頭骨約兩分鐘，馬上不痛了，幾週來均未再發作。
2. 陳太太頭痛數十年，每天吃止痛藥，吃到胃潰瘍，SCC調整頭骨不到兩分鐘，數週來均未發作。
3. 朱小姐月經痛到昏倒，SCC骨盆調整後即未再發作。
4. 鄭小姐每次月經來痛甚，SCC骨盆調整後，半年來均未發作，其間未再就診。

5. 張老太太右膝痛，骨科說退化沒了軟骨，連續打了兩年的玻尿酸，還是痛，還是跛腳，SCC骨盆兩分鐘的調整後就不再痛了。
6. 錢小姐工作久站後突然左膝痛到無法走路或蹲，沒有受傷過，SCC骨盆調整後馬上不痛。
7. 周老太太胃痛45年，無時無刻不痛，做了十幾次胃鏡吃了胃藥還是痛，SCC調整骨盤後馬上就不痛了。未再發作。
8. 林太太長年腳底痛，起床甚，SCC骨盆調整後馬上就不痛了。
9. 朱小姐，護專教授，眩暈症，西醫說是美尼爾氏症治療無效，SCC調整頭骨使頸椎復位，馬上就不暈了，頭骨不再壓迫椎動脈後立刻緩解。
10. 王小姐一年前頸椎4,5開刀仍痛，觸診檢查是第2,3移位導致的頸椎與頭痛，柔適調整後緩解。
11. 孫小姐、劉小姐、趙小姐均有不孕的問題，分別有腰痠痛或月經痛，或月經不規則的情況，骨盆有明顯的移位，SCC調整骨盆後幾週，三人都懷孕了。骨盆歪了，卵巢子宮自然也不正，常見骨盆前傾（翹屁股）相對子宮後傾的，改善前傾，子宮就不會相對後傾。

12.吳老闆經營大型傢俱店，一天從屋頂摔下，腰痛到不能平躺，一天打兩三次止痛針都無效，檢查是薦椎稍微側移，不到兩分鐘復位後，痛就不見了。

13.鄭太太日前騎摩托車被撞倒地，其後視力變成複視，一個物體變成兩個影子，無法在騎車，做過各種先進的檢查，查不出原因，SCC調整頭骨頸椎後，第一次明顯改善，第二次就完全好了。

14.郭先生士汽車修理工，腰臀痛到無法蹲下，西醫說是椎間盤突出，SCC檢查發現脊椎無恙，主要是骨盆歪了，髖關節歪斜壓迫股骨頭，調正後就不痛了。

15.齊先生長期鼻塞，鼻中膈手術過，還是鼻塞，SCC檢查右側鼻骨歪曲，頭骨旋轉移位，調整後鼻子就不塞了。

16.魯先生長期失眠，打呼，接受過懸雍垂手術，還是打呼，診斷發現魯先生打呼是長期胃酸逆流所致，囑其不要喝檸檬與刺激性食物，睡前兩小時盡量不要進食，SCC調整歪斜的頸椎，配合治療胃食道逆流的中藥，睡眠就好許多，也不再打呼了。

17.王小姐甲狀腺亢進，服用了一年西藥T4指數還是停留在17，SCC調整頸椎壓迫甲狀腺的位置，隔週T4指數就降下到7了。

18.黃小姐心跳慢，月經遲到，腳水腫，一側甲狀腺觸診有一個明顯的結節，SCC將壓迫甲狀腺的頸椎調正後，三週後結節就不見了。

現代的疼痛醫學一半是偽醫學

透過數以萬計的SCC的臨床實例，運用柔適整脊的手法讓移位的頭骨、脊椎與骨盆復位，讓大多數的偏頭痛、眩暈與月經痛症狀在數秒鐘消失，複雜點的約數十秒。換言之，如果只能終其一生用止痛藥、肌肉鬆弛劑與末梢循環改善藥給患者服用，是不明真相的偽醫學。

現代的醫學缺陷太多了，問題癥結在於不明白真正的病因，又治不好病，卻還能稱為「醫學」！許多理論都是似是而非，一些根本不存在的病名讓患者吃一輩子的藥，甚至痛苦一輩子。

根據我發明的歷史上首創的中醫婦科脈診學，急慢性的腰腿痛和婦女的月經痛、子宮肌瘤、腺瘤、卵巢囊腫，子宮內膜異位等，都可以在病側的尺脈中出現異常的病理脈。換言之，當骨盆移位壓迫到腹腔的動脈時，往往代表血流不能人體的盆腔順利循環，就容易長東西與製造疼痛。婦女的月經痛運用SCC調整骨盆，幾乎當場可以止痛。有些女性在月前才調整一次，月底月經就不痛了。臨床上有些女孩痛到會昏倒或嘔吐的，也都可以馬上痊癒。

對幼兒來說，除了母親懷胎時胎位不正、作息姿勢不良等，都可能造成他們出生後就帶來各種疾病：氣喘、過敏、妥瑞氏症、頭痛眩暈，都可能是頸椎歪斜造成的，因此在診斷兒童相關疾病時，絕對不能忽略該兒童在娘胎時的胎位是否正確，更重要的是，出生的過程是否有難產或用外力拉出或吸出的情形，嬰兒的頸椎或頭骨經常在此時移位。

對一般人來說，低著頭打手機，兩臂懸空或側著頭看電腦螢幕，側著頭趴睡，坐或躺沙發椅，都是造成頸椎移位而頭痛頭暈的原因，也會造成腰椎的向後傾與腰痠背痛。

蹺二郎腿容易造成髂骨前內旋而導致虛構的「足底筋膜炎」、「膝蓋軟骨磨損」。這些原因引起的疼痛都可以幾分鐘內治好……現代醫學讓人吃了大半輩子藥就是因為根本看不出疾病真正的原因。

骨盆旋轉往往造成X光片的誤判，最常見的就是股骨內旋誤判為軟骨不見了，事實上骨盆調正軟骨就跑出來了。骨盆扭曲還會造成軀幹與器官的扭曲，造成脊椎側彎的假象，也導致婦科的痛經與腫瘤。軀幹扭曲造成的胃扭曲會導致胃區日夜都痛且服藥無效。上述情況都可以在脊骨骨盆調整後立刻緩解。

骨盆前旋或後旋會造成腰腿痠麻痛，往往因為被照出一個小骨刺，或者軀幹旋轉的X光片照不到椎間盤而誤診為椎間盤突出，事實上都不是骨刺或椎間盤突出引起的痠痛，誤診率在百分之九十以上，很多人冤枉的接受了開刀，開了還是痛再開，始終看不到真正的痛因。

鼻中膈彎曲，往往是頭骨移位造成的，手術後鼻子還是會塞住，透過SCC的鼻骨矯正，就可以馬上改善。胸肋關節移位會造成胸痛心痛的假象。

失眠與恐慌也可以是偽醫學的產物

骨盆軀幹扭曲的人，胃腸的位置也可能扭轉，於是產生胃食道瓣膜與心臟瓣膜脫垂的綜合情況，前者引起胃食道逆流，後者引起二尖瓣脫垂，我把這種情況稱為「瓣膜脫垂綜合症」。

患者因為胃酸刺激食道而引起橫膈膜運動的不順暢，進而導致吸不過氣來或胸悶胸痛的情形，患者經常半夜急診又檢查不出原因，白挨了心導管。由於心臟科胸腔科都找不到原因，最後成了精神科口中的「恐慌症」。

胃酸逆流擋住了氣管，無法呼吸的情狀下，大腦會製造一些怪夢讓人醒過來繼續呼吸，這是大腦自救機轉。精神科卻開安眠藥讓處罰大腦，讓它昏睡，結果缺氧下醒來，患者就算能睡，還是疲累不堪，帶著熊貓眼過日子。

如何運用太極拳端正脊柱與骨盆

以溫柔舒適為取向的太極拳有助於脊柱與骨盆的平衡，太極拳基本姿勢中，要求習者必須頂頭懸、神貫頂、涵胸拔背，尾閭中正、落跨等等，都可以視為對保持正確脊柱與骨盆的方針，也因此太極拳是對人體骨架很友善的運動。

相對於太極拳，瑜伽健身因為是對人體柔軟的極限運動，比較需要量身訂做，例如，骨盆前傾的人腰部前凹，臀部比較翹的，如果平常腰痛的就不適合過度將腰部身體過度後伸。骨盆後傾的人腰部平直僵硬，背部前傾，就比較適合做腰部向後伸展的運動。

熊　經

鄭子37式的太極拳基本功中，熊經是用來做重心轉移然後身體旋轉的運動。學習慢慢的將重心從一腳移動到另一腳，身體與一側腳底形成一個柱子或樹幹，再利用腳底肌肉的扭轉來轉動整個身體，把意念法在腳底的運動就不會形成缺乏整體性的腰部運動。

熊經變換重心是用重心所在的一腳向下撐，假想要把腳底的一塊撐破，又像拔河一樣，轉換重心後，身體持續向同側的外後方旋轉，旋轉到不能旋轉為止，再維持原姿勢把重心「拔」回來。例如：重心轉移到左腳後，左腳底肌肉擰轉，帶動全身向左後方轉動，這種運動對骨盆後傾的人特別適合，可以身體轉向重心同側的後方時，用同側手掌擋住臀部上方的髂骨對抗，使骨盆往前移動，可以有效幫助腰痛。對骨盆前傾體質的就比較不適合。

骨盆過度後傾：

薦椎變平（飛機場）、臀部與腰部變平直，缺乏曲度，腰部通常整片變得酸緊。

骨盆過度前傾：

人體骨盆正常會保持適度的前傾，當髂骨向前向上旋時，臀部變小，帶動薦椎向前向下傾斜。過度前傾時，薦椎變陡（滑雪道），常常下壓第五腰椎，導致腰椎與薦椎連接的腰薦關節臀經常痠痛，腰椎向腹部方向凹陷，結果肚子向前凸（大肚子），胸椎後凸而開始駝背。

當髂骨向前向上旋轉，將薦椎（骨）往前往下壓時，薦椎會向前下倒，呈現滑雪道的曲度，臀部也變翹。肚子前凸，頸椎前傾，背部駝背與腰痠背痛的情形。此時子宮的位置相對後傾，常常引起月經痛。

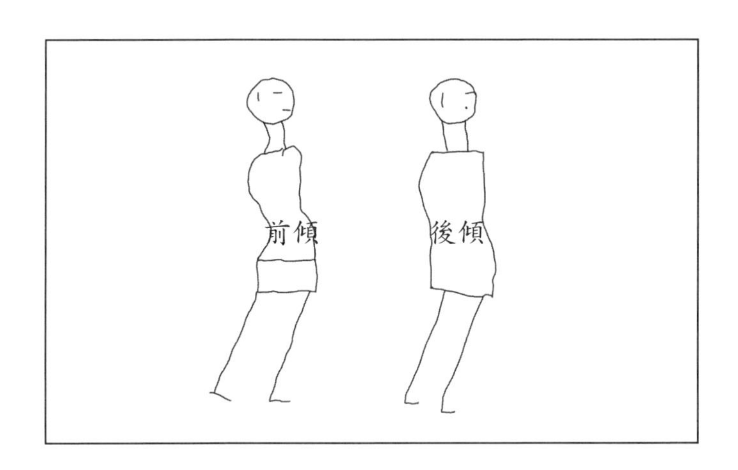

行功與邁步如貓行

由於人體先天上就不容意保持兩側的平衡，大部份的人都會出現所謂的長短腳。整脊醫學上，髂骨向前向上旋（AS, anterior superior）

時，會帶動坐骨的向下而腿變長；相反的，當髂骨向後向下旋時，反而帶動坐骨向上而腿變短。

問題在，人類很少能兩側骨盆都保持在平衡無恙的，因此走路變得很重要，平日最好學習太極拳的行功，用腳跟地，像貓走路一樣。

行功時，後腳向下撐，好像腳底下一塊玻璃，要將它撐破，推動身體向前移動，前腳腳跟著地，可以避免短腳平腳著地時產生的身體震盪。有助於改善腰痠背痛的情況。

呼吸與腿部的等張運動

現代人普遍心肺功能不夠，即使一般的太極拳，如果老師沒有要求學生做到開合呼吸，配合拳架訓練心肺功能，就十分可惜，因為這項多出來的健康訓練，不需要額外的時間。

利用下肢的慢速上下撐直彎屈，可以讓下肢做有效的載重訓練，也有助於兩側骨盆的整合。學習者可以單練深度呼吸與下肢的屈伸，同時肩臂可以畫圈或擺盪等，讓橫膈膜的運動幅度加大，加深呼吸的深度。下肢的屈伸慢才能感受身體的重量，形成如登山般的載重訓練。

BIBLIOGRAPHY

參考書目

陳鑫，陳氏太極拳圖解，台北，臺灣五洲出版社，1996

陳小旺，家傳陳式太極拳，北京，北京體育出版社，1996

陳炎林，太極拳刀、劍、桿、散手。台北：臺灣益群書局，1983

傅鍾文，楊式太極拳，北京，人民體育出版社，1988

顧留馨，砲捶，香港，海豐出版社，1990

顧留馨，太極拳全書，上海，上海教育出版社，1982

何菊人、陳子彬，生理學，上海醫科大學出版社，1988

蔣玉坤，太極劍五十四式，台北，華聯出版社，1982

李成功，八卦掌秘訣，北京：北京體育出版社，

1993

沈家禎，顧留馨，陳式太極拳，北京，人民體育出版社，1988

沈壽編集，太極拳譜，北京，人民體育出版社，1995

孫樹椿，孫之鎬等，中醫筋傷學，北京，人民衛生出版社，1990

湯野正憲、岡村忠典，劍道教室，台北：聯廣圖書公司譯，1988

王選杰，大成拳，香港：海峰出版社，1992

王維慎，武當松溪派內家拳，香港，海峰出版社，1989

魏樹人，楊式太極拳述真，台北，純一出版社，1996

魏征主編，脊椎病因治療學，香港，商務印書館，1987

楊澄甫，太極拳選編，北京，中國書店，1980

姚宗勛，意拳，北京，北京體育出版社，1990

曾昭然，太極拳全書，台北，華聯出版社，1985

張天戈，薛近芳，實用氣功手冊，上海科學技術出版，1991

楊甲三，針灸學，北京，中國，人民衛生出版

社，1985

趙斌、趙幼斌、路迪民，楊氏太極拳正宗，西安，三秦出版社，1995

張安禎，武春發，中醫骨傷科學，北京，人民衛生出版社，1988

張義敬，太極學理傳真，台北，遠東書報社，1989

鄭曼青，鄭子太極拳自修新法，時中拳社，1977

宋志堅，于志均，太極拳源流考訂，台北，中華太極館，1997

R.M.H. McMinn, R.T. Hutching, A colour Atlas of Human Anatomy, England, Wolfe Medical Publications, 1980.

SoftKey International Inc., Body Works 5.0 CD-Rom, One Arthenaeum Street, Cambridge, MA02142, 1995.

Wolfe Lowenthal, There are no secrets, Berkeley, Ca. North Atlantic Books, 1991.

Park Bok Nam, Don Miller, The Fundamental of Pa Kua Change, Pacific Grove, Ca, High View Publishing Co., 1993.

國家圖書館出版品預行編目資料

太極拳動力的科學／戴君強　著
－初版－臺北市，大展，2017【民106.10】
面；21公分－（武學釋典；29）
ISBN 978-957-346-179-1（平裝）
1.太極拳
528.972　　106013913

太極拳動力的科學

著　　者／戴　君　強
責任編輯／孟　　甫
發 行 人／蔡　森　明
出 版 者／大展出版社有限公司
社　　址／台北市北投區（石牌）致遠一路2段12巷1號
電　　話／(02) 28236031・28236033・28233123
傳　　真／(02) 28272069
郵政劃撥／01669551
網　　址／www.dah-jaan.com.tw
E-mail／service@dah-jaan.com.tw
登 記 證／局版臺業字第2171號
承 印 者／傳興印刷有限公司
裝　　訂／眾友企業公司
排 版 者／千兵企業有限公司
初版1刷／2017年（民106） 10月
初版2刷／2019年（民108） 12月　　定價／250元

大展好書　好書大展

品嘗好書　冠群可期